はじめに

はじめまして、ポジティブ心理学博士の山口まみです。

本書を手に取ってくださり、ありがとうございます。この本の存在がなければ出会えなかったかもしれないあなたに、こうして本を通じて出会えたことを本当にうれしく思っています。

本書は、「自分を変えたい。でも、なかなか変わらない、変えられない」と悩んでいる人のための本です。

「明日こそは」と、つい先延ばししてしまう自分。
毎日笑顔でいたいのに、つい怒ってしまう自分。
目標を立てても、いつも達成できない自分。
成功したいという思いだけで、行動できない自分。

そんな自分を変えたくて、書籍などで得たノウハウを試しても、一瞬はよくなるけど、またすぐに元の自分に戻ってしまい、自己嫌悪に陥る方も少なくないでしょう。

なぜ、自分を変えられないのでしょうか？

多くの人は「行動できない自分」を責めてしまいがちですが、行動そのものを変えることだけでは、本当の意味で自分を変えることにはなりません。

なかなか行動が変わらないのは、思考が変わっていないからです。思考が変われば、行動も自然と変わっていきます。

自分を変えるために一番大切なのは、**「自分の思考を味方につける」**ことです。

私たちは、自分の心がベストな状態でない限り、自分の才能や資質を発掘したり、成長したりすることはできません。

自分の可能性を伸ばしていくためには、普段、無意識に行なっている「思考の習慣」を見直し、自分の変化を妨げているものを取り除いたり、改善したりしていく必要があります。

そんな「自分のためになっていない思考の習慣」を変えることで、本来の自分の可能性を最大限に発揮するための実践ノウハウを、本書で解説していきます。

この「新しい思考の習慣」が身につけば、「自分の人生を主体的に生きている」という喜びを日々感じられる幸せな人生を送れるようになるはずです。

ただし、注意しなければならないのは、長年かけて形成されてきた「思考の習慣」を瞬時に変えることは不可能だということ。

「一瞬にしてあなたは変われる」という言葉に惑わされて、性急に自己改革を図ろうとすると、**リバウンド（思考と感情のぶり返し）**が起こってしまいます。

ですから、本書ではゆっくりやさしく「思考の習慣」を直していく考え方とやり方を、私が講師を務める自己実現&人財育成プログラム「ターニングポイント」をベースにお伝えしていきます。

人間の「考える」という行為は、あまりにも身近すぎて、普段それについてしっかり考えているという人は稀です。でも、日々あなたが考える「思考内容」が自分の人生を形づくっていくことを本当に理解できれば、自分の思考を味方につけたいと心から望むはずです。

私自身、個別セッションやセミナーなどを通じて、クライアントや受講生の皆さんのお顔がパッと晴れる場面、そして、その後の人生が目覚ましく変化していく様子を何度も目の当たりにしてきました。

私たちは誰しも「無限の可能性」を持って生まれてきます。

その芽を「思考の習慣」により、早々と摘んでしまうのか、それともゆっくり丁寧に育んでいくのか……。選択肢は、いつもあなたの手の中にあります。

本書を通じて、これまであなたが意識することのなかった「思考の習慣」を見直し、心の力を味方につけることで、より自分らしい幸せな人生を送るきっかけを自らつくり出していただけたら幸いです。

平成二七年七月

心理学博士　山口まみ

「変われない自分」を変える　新しい思考の習慣　目次

1章

あなたの人生をつくっている「思考の習慣」

2章

「思考の習慣」を変える最初の一歩

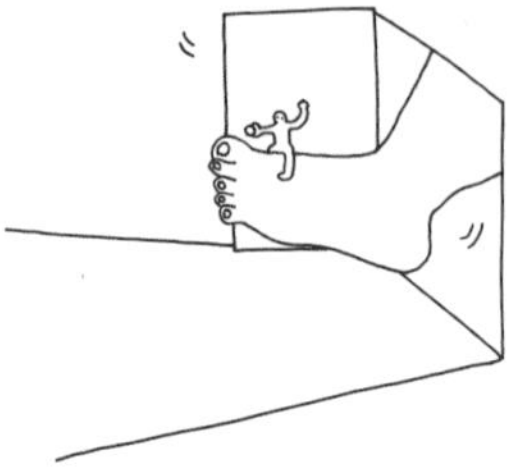

3章

「思考の習慣」を味方につける5つのステップ

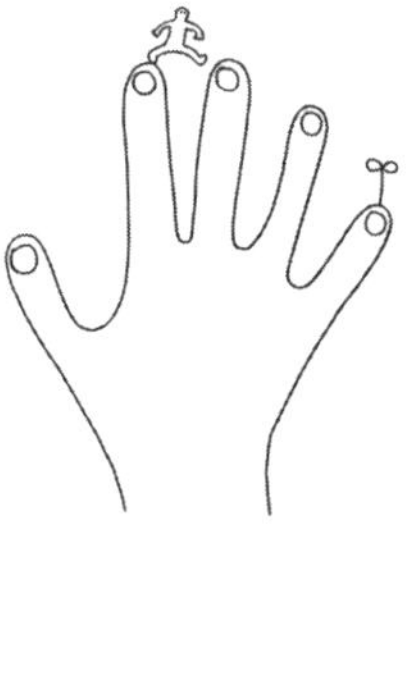

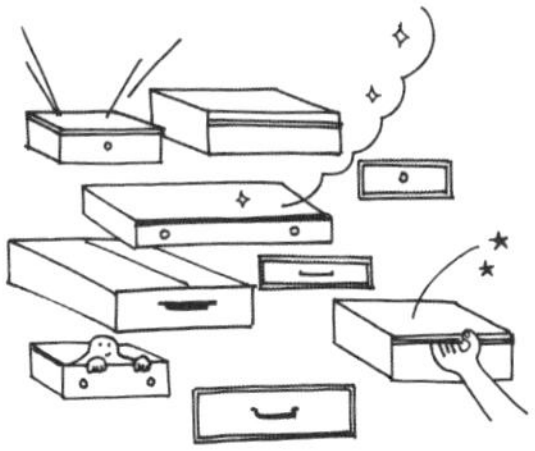

4章

リバウンドせずに「新しい思考の習慣」を維持する秘訣

装幀、本文DTP　朝日メディアインターナショナル

1章

あなたの人生をつくっている「思考の習慣」

変わりたいけど変われないのはなぜ？

いつも同じ「負のループ」に陥っていませんか？

この本を手にとってくださったあなたは、何らかの意味で「自分を変えたい」と思っていらっしゃるのだろうと思います。

「もっとストレスに強い人間になりたい」
「もっと感情のコントロールができるようになりたい」
「もっと気持ちのよい人間関係を築けるようになりたい」
「社会的成功を収めて、もっと尊敬されるようになりたい」

など、さまざまだと思いますが、根底に流れるのは「自分の人生をよりよくしていきたい」という願いだと思います。

その思いはとても素晴らしいものです。なぜなら、それが自分の可能性を信じて開花させていくための最初の貴重な一歩だからです。

けれど、「変えたい」と思いながら、「なかなか変われない」ということはありませんか？

変わりたいと思っても、どこかで**「どうせ、自分には特別な才能はないし」という自己卑下や「これは生まれついた性格だから変えられないし」というあきらめ**が起こったり……。

または、頭では「こう変わりたい」と思って努力をしているはずなのに、**気づけば元の自分に戻って同じドツボにはまっている**自分を発見したり……。

実際に、自分を変えるということは、そう易しいものではありません。なぜなら、それは単に行動を変えるだけで実現されるものではなく、行動の根底にある自分の思考を見つめ直し、パターン化した「思考の習慣」自体を変えることが要求されるからです。

自己嫌悪で潰されそうなKさんの例

ここで、中間管理職に就いて3年あまりというKさん（40代男性）の例を見てみましょう。

Kさんは中間管理職になり、仕事量も責任も一気に増えたことから、常に時間に追われているような焦燥感や、部下に対する苛立ちを頻繁に感じるようになりました。ある日、妻から「あなた、最近あまり笑わなくなったわね」と言われ、職場だけでなく、家庭においても、不穏な空気を生み出しているということに気がつきました。

そんな自分をどうにかしたくて、思い切って週末の座禅クラスに参加しました。日常を離れて、普段あまりなじみのないお寺という環境で、見知らぬ人に囲まれて過ごす穏やかな時間は、自分の心をスッキリ清めてくれたような気がしました。

また、日頃自分のことをゆっくり振り返る機会がなかったKさんは、座禅を通じて自分の内面についても新たな洞察を得たように思いました。

「よし、これで心を改めて、また新鮮な気持ちで仕事に取り組もう！」と、週明けに出勤しました。

ところが、仕事に出てみれば、部下に依頼していた書類は上がってきていない、重要な取引先からは思わぬ失敗で怒られる、その対応に追われているうちに自分の仕事は山積み……。

気づけば、また時間に追われている切迫感が心を占めて、周りに対する怒りがフツフツと沸いています。あっという間に、元のゆとりのない自分に戻り、眉間に皺を寄せてピリピリとした空気感を出しながら仕事をしている自分がいました。

家に戻っても心が休まず、普段なら見過ごせる子どもの行動に苛立ちを覚えて、八つ当たりをしてしまいます。

そんな自分に自己嫌悪を覚えるものの、Kさんはどう現状を打破していいかわかりません。

さて、皆さんにも、Kさんと似たような経験は1つや2つ、思い当たる節があるのではないでしょうか？　実際、私自身も、頭では「こうするのがベスト」とわかっていても、なかなか実践が伴わないことが往々にしてあります。

なぜなら、**私たちは気づかないうちに「思考の習慣」を身につけてしまっているから**です。

そして、その「思考の習慣」が私たちの行動を自動的に決定しているのです。

❸ 自分を変えることとは、思考の習慣を変えること

私たちは、生まれてからこれまでの間にさまざまな出来事や状況を経験します。また、親や周りの人の反応を観察し、彼らの価値観や固定観念、人との関わり方、さらに社会の常識などを自分の中に無意識に取り入れながら、**物事に対する考え方・捉え方の「パターン」**を徐々に形成していきます。

これが「思考の習慣」です。

私たちは、身の回りの出来事や他人の言動が「自分にとってどういう意味をなすの

か」という解釈を、思考を通じて常に行なっています。

では、その解釈が常に冷静かつ客観的な視点で行なわれているかというと、残念ながら、そんなことはありません。「思考の習慣」という固定化した物事の捉え方が、偏った視点と解釈を生み出すことが多々あります。

私たちにとって「思考の習慣」は無意識に行なっているもので、普段から、それをきちんと認識しているという人はごく稀です。

日常の中で同じパターンを繰り返すことで、「あれ、前にも似たような体験があるぞ」「なんで、いつもこんな反応をしてしまうのだろう」と気づいたり、人から「あなたってこういうところがあるよね」と指摘されたりして、はじめて自分の「思考の習慣」が明らかになることがあります。

あなたの思考は、外的な状況や物事がどう変わろうとも、あなたがどこに移り住もうとも、あなたに必ずついて回ります。

私がよく聴いていたロックバンドの曲に「どこにあなたが行こうと、いつも天気を

連れて行く」というフレーズがありましたが、まさしく私たちはどこへ行くときも、常に「思考」という雲を自分の頭の上に乗せて連れて行っているのです。

外の天気が晴天でポカポカと暖かい陽気であっても、あなたの頭の上に重く暗い雨雲が立ち込めていれば、お日様の恩恵を感じることができませんよね。

そんな無意識の「思考の習慣」を変えるには、**意識的な働きかけ**が必要です。

これまで無意識に行なっていた

ことを意識下に持ってくるのは、最初は難しいと感じられるかもしれません。しかし、何事も練習を重ねていけば、必要なスキルは加速的に上達していきます。

このプロセスを焦る必要はありません。ゆっくりでいいのです。たとえ、最初は小さな気づき、小さな変化であっても、それが繰り返されることで、「新しい思考の習慣」が少しずつ強化されていきます。「本物の自己改革」は、そうしてゆっくり優しく行なうことで確実に定着させることができるのです。

「思考の習慣」を変えていくと、これまでには感じられなかった自己の成長や変化を感じられるようになります。そして、何よりあなたはより明るい前向きな気持ちで毎日を送ることができるようになるでしょう。

幸せの鍵は「思考」にある

あなたの「思考」は、あなたにしかできない

私たちの中の「思考の習慣」は、もともと自分が生きやすいように形成されてきたものです。しかし、その中には以前の状況においては適切だったけれど、今の状況においては不適切というものもあります。

ですから、その「**自分のためになっていない思考の習慣**」に気づき、それを「**自分のためになるように変えていくプロセス**」が必要になってきます。

「思考の習慣」を自分のためになるものに変えていくプロセスは、楽器をマスターしたり、外国語を習得したりすることとよく似ています。

一度に多くの時間を費やして一気に練習したからといって、すぐに成果が出るわけではなく、日々練習する中で徐々に必要なスキルが身についていきます。

そして、そのプロセスでもたらされる新しい体験が喜びとなり、練習を継続するエネルギーを与えてくれます。


でも、あなたは思うかもしれません。

「日々、そんな練習を行なうのは大変ではないか」

「自分の中に強く根づいている『思考の習慣』を変えていくことができるのか」

「その努力をする価値が本当にあるのか」


私の答えはこうです。

「考える」という行為はあなたが常にしていることで、それをあなたに替わって行なうことは誰にもできません。

そして、その「考える」という行為が日々の感情や行動を左右し、あなたの人生そのものをつくっていくとしたら、**幸せの鍵は「思考」にある**と言えるのです。

思考を変える努力は楽しいもの

ここで、Eさん（30代男性）の例を見てみましょう。

Eさんは転職して保険会社の営業職についたばかりです。でも、電話かけや飛び込み営業が苦手で業績がなかなか伸びません。

Eさんがそれらを苦手とする背景には、彼の中に「保険というだけで人は嫌がるものだ。誰も自分の話を聞いてくれないだろう。保険を必要としている人はすでに加入している。そもそも保険を嫌っている人に、自分がどれだけアプローチしても無駄なことだ」という考えがありました。

そんなとき、友人家族の家長である父親が突然亡くなりました。父親は保険に加入しておらず、残された家族は父親を亡くした悲しみだけでなく、経済的な苦しみも二重に背負うという姿を、Eさんは目の当たりにすることになりました。

そこで、彼はハタと、「この家族が保険に加入していれば、こんな悲惨な事態を防げたのに」という思いと、自分がもっと保険の知識を彼らと分かち合っておけばよかったという後悔の念を抱くに至りました。

そこでEさんは、保険に対する自分の考えが偏ったものであったことに気づいたのです。

実際には保険はいざというときに人の生活を支えるものであり、セーフティネットとして大きな役割を担っていること。そして、クライアントには保険に対する知識を十分に持ってもらい、その恩恵を授与してもらうこと。これこそが保険の営業マンとしての自分の使命だ、と考えるようになったのです。

その後のEさんは、見違えるほど積極的に営業ができるようになりました。さまざまな保険の勉強にも意欲的に取り組み、同僚から質問を受けるようにもなりました。

そうして、営業の成績はどんどん伸び、職場でも一目置かれ、クライアントからは信頼されるトップの営業マンになっていったのです。

このように、偶発的な出来事で引き起こされた気づきによって「思考の習慣」が変わることもあります。

しかしながら、「思考の習慣」とそれが持つ影響力を理解できれば、自らの働きかけにより、いつからでも「思考の習慣」を変えていくことができるのです。

「思考の習慣」を変えるとは、つまるところ、自分が長年かけて無意識に行なってきた「物事の捉え方・考え方」を客観的に見つめ直すことです。そして、その中で自分の足を引っ張っているものがあれば、それをより「自分のためになるもの」に変えていくということなのです。

もし、あなたが「思考」についての理解を深めず、「悪い思考の習慣」を野放しにしておけば、思考に振り回されたり、自分の思考によって傷ついたりすることになるでしょう。そうすると、人間関係、仕事、家庭といったあらゆる面において、必要ない苦労を強いられることになります。

私たちが生きていくうえで、一番大事なのは、「思考の習慣」を自分の味方につけることです。

「思考」をどう使うかということが、自分が心から望む幸せな人生をつくっていく鍵を握っているのですから。

「思考の習慣」は無意識的なもの

モチベーションはずっと続かない

ここで、1つ警告しておかなければならないことがあります。

それは**性急に「思考の習慣」を変えようとすると、必ず弊害が生まれる**ということです。

巷には、「一瞬にして」変われると謳っている自己啓発本や教材などが出回っています。あるいは「3日」「1週間」等々、いずれも短期間で自分を一気に変えることがもてはやされる傾向にあります。

これがやる気やモチベーションを高めるということであれば、一瞬にしてそれを行なうことも可能でしょう。

モチベーションは、ラテン語の動詞「movere」(動かす)という言葉を語源に持ちます。モチベーションは、人が決断を下したり、選択をしたり、行動を起こしたり、その行動を継続する努力をするように「人を動かす力」です。

本を読んだり、セミナーに参加したり、講演を聞いたり、テレビや映画を観たりして、心が強烈に揺り動かされれば、「やってやるぞ!」という強いモチベーションが沸き起こります。

また、何か目標を達成するときに、なぜそれを達成したいのかという目的が明確であればあるほど、そこから生まれるモチベーションは高くなります。

このように、**モチベーションは爆発的な一過性のエネルギーなので、長いあいだ、同じレベルを継続させることが難しい**ものでもあります。

本書を読んでいる皆さんの中には、過去に海外旅行に行かれたことがある方もいらっしゃるでしょう。

海外で非日常的な体験をして感動し、「もっと現地の人とコミュニケーションを図りたい」「外国語をマスターして、もっと自分の世界を広げたい」という強い思いを抱き、外国語習得へのモチベーションが高まった経験はありませんか？

ところが、そんな帰国直後の熱いモチベーションも、1カ月もするとすっかり冷めてしまい、「外国語習得」というゴールの優先順位が瞬く間に下落していたり……。

モチベーションと思考との違い

一方、思考はモチベーションとは異なり、急激に高まったり低まったり、状況に応じて熱くなったり冷めたりするものではありません。

「個人がある状況に対して、何を思い、考えるか」という思考のパターンは、長年かけて形成されてきたもので、その人独自の規則性を持っています。

既に述べたように、今あなたが持っている「思考の習慣」は、この世に生まれた瞬間から現在に至るまで、親、学校、友人、環境、社会や時代などから受けてきた影響と、日々の体験が融合しながら、長年かけてゆっくりつくられてきたものです。

そして、それは「習慣」として無意識かつ自動的に行なわれていることがほとんどです。そのため、たとえ自分でその「思考の習慣」の存在に気づいたとしても、電気のスイッチを入れたり切ったりするように、簡単にオン・オフすることはできないのです。

常に不安を抱えているMさんの例

ここで、Mさん（60代女性）の例を見てみましょう。

彼女はスリムな体型で背筋もすっと伸びて、健康で肌もきれいです。実年齢よりグンと若く、40代にしか見えません。周りからも、そんなMさんの容姿がうらやましいとよく言われます。

けれども、彼女の心の中は、いつも健康や将来に関する不安が渦巻いていて、「認知症になったらどうしよう」「このまま年老いてヨボヨボになるのは嫌だ」「高級老人ホームに入れたとしても、そこでの生活は惨めだろう」などという心配がいつも心を占領しています。

そのため、テレビや新聞で目に留まるのも、認知症や癌、老人性抑うつといった老後に関する悪い話題ばかりです。

周りにもそんな心配事ばかり口にするので、最初は、「そんなに心配しなくて大丈夫」と励ましの言葉をかけていた友人や家族も、ほとほと嫌気がさしています。

Mさん自身も、悲観的に物事を捉え、不安を抱えすぎる自分の傾向にうっすらと気づいているものの、それをどう変えていけばいいのかわかりません。

なぜなら、本人は意識していませんが、不安を抱え、それを口にすることから、**Mさんは実は大きなメリットも得ている**のです。

そのメリットとは、自分の不安・心配や想定されうる最悪の事態を口にすることで、周りの人から「そんなに若々しくてきれいで健康なんだから、心配しなくて大丈夫」といった自分の自尊心を高める言葉や、「そんな悲惨なことは絶対起こらないわよ」といった不安を打ち消す言葉をかけてもらえることです。

そうするとMさんは、自尊心が高まると同時に、悪いことが起こる可能性を打ち消されたような気がして、少し安心するのです。

けれども、その励ましの言葉の効果も長くは続きません。しばらくすると、またいつもの不安の雲が自分の心を覆いはじめます。

時と場合によっては、周りからの励ましや慰めも、ただの気休めにしか聞こえず、「それは他人事だから、そう簡単に割り切れるのでしょう」と反発を覚えることさえあります。

かといって、常に不安や心配に悩まされるのも苦しく、そんな自分の性分をどうにかしたいという気持ちも一方にはあるのです。

さて、あなたなら、こんなMさんにどんなアドバイスをしますか？

「人は変わろうと思えば一瞬にして変われるのだから、嫌なことはさっぱり忘れて、楽しいことに意識を向けなさい！」

「あなたは自分がどれだけ恵まれているかに気づいてないみたいだね。あなたに比べたら、ずっと悲惨な状況にいる人もいるのだから、もっと感謝するべきだよ」

どれも確かに一理ありますが、本当の意味でMさんの考え方や感じ方を永続的に変えるためのアドバイスとなっているかというと難しいですよね。

また、「人は一瞬にして変われる」というメッセージをMさんに励ましの言葉として伝えても、気づけば心配で頭がいっぱいになっているMさんは、そんな自分に絶望感を覚えてしまうかもしれません。

次項では、なぜ「一瞬にして変わる」ことが、そもそも無謀な試みであるのか、そこで起こりうる弊害とはどういったものかについて、見ていきたいと思います。

「一瞬にして変える」ことは、実は危険！

「インスタント」という感覚に慣れきっていませんか？

世の中には、即効性のあるものを高く評価する傾向があります。

これはひとえに、私たちが「**インスタント**」な**感覚**――何事も簡単に、ラクに、瞬時に、という感覚に慣れきってしまっているからではないかと思います。

「インスタント」と名称がつくものを考えてみてください。

インスタントコーヒー、インスタントラーメン、インスタントカメラなど、どれも即席で使え、ラクに手に入り、使い捨てが当たり前で、いつでも代替がきくものというイメージがありますよね。

インスタント（instant）の語源は、ラテン語の「instāns＝すぐ傍らに立っている状態」からきているといわれています。つまり、とりあえず手近にあるもので、すぐに何かを済ませたいときに使われるのがインスタントなものなのです。

たとえば、巷に多く出回っている「インスタント製品」はすぐに何かを解決したい場合に、ひとまずの「応急処置」的な役割を果たしてくれます。

「今すぐ、空腹を満たしたい」という欲求を満たすには、家に買い置きしているインスタントラーメンが何よりの心強い味方になります。空腹で何かをすぐに食べたいというとき、メニューを考えて、料理の準備をするのは面倒です。

欲求が緊急で即決を要するとき、インスタント製品ほど助けとなってくれるものはありません。

しかしながら、**インスタント製品は、あくまでその場しのぎのもの**です。確かに「インスタント」にできるということは、即時に、瞬間的に、物事を処理できるという利点はありますが、それが必ずしも問題の根本的な解決にはならない、ということを心に留めておくべきだと思います。

そもそも、「考える」ということは、非常にクオリティの高い人間的な活動です。ですから、その「思考の習慣」を一瞬で変えるインスタントな特効薬など、この世には存在しません。

思考の変化は、思考の担い手による意識的な働きかけによって、はじめて可能になるものなのです。

ダイエットが成功しないのは、あなたのせいじゃない

自分を変えたいという人の中には、「体重を減らしたい」という願望がある方もいらっしゃるかと思います。

ダイエットで即効性のあるものの1つに「カロリー計算ダイエット」があります。これは摂取カロリーを計算して、それが消費カロリーをオーバーしないように調節するというダイエットです。

単純に考えても、入れる量より出す量が多ければ、体重は増加しないばかりか、そのマイナス差によっては体重を着実に減らしていくことができるのは明白です。

理論上は、ダイエットはいとも簡単だということになりますね。

けれども、書店ではセンセーショナルで新しいメソッドを謳ったダイエット本が、飽きることなく続々と刊行されています。

そのことからも、実際には、いろいろなダイエットのメソッドにトライしても成功しない大勢の人たちがいて、ダイエットは困難であることがうかがえます。


ダイエットに失敗する人の多くが陥るのは、「ダイエットのメソッドが悪い」という他者批判ではなく、

「効果抜群といわれるダイエットでも成功しない自分はダメな人間だ」

「ダイエットを貫けない自分は弱い意志の持ち主だ」

という**自己批判・自己非難**です。

「一瞬にして自分を変える」という目標に関しても、同じような現象が起こります。

そもそも短時間で劇的に「自分を変える」という目標自体が不可能なのに、それを

実現することが可能であると誤って信じ込んでしまったばかりに、それができない自分を責めたり、自己嫌悪を覚えたり……ということが起こります。

でも、本当に自分が悪いのでしょうか？

即効性があるといわれる「カロリー計算ダイエット」や、バナナやリンゴだけを一定期間食べるといった「単品ダイエット」が成功しないのは、それが人間の命を守るという生存本能と対峙するものだからです。

これと同様に、人間の思考にも「恒常性ホメオスタシス」という、あるものを一定に保つ機能が働いています。人間の体温が、どんな環境下でも36度前後に保たれているのは、この恒常性が働いているからです。

もし、私たちの思考に、ある法則性やパターンがなく、直面する状況によってゼロから考えを組み立てるとなると、脳の許容量は簡単にオーバーしてしまうでしょう。

ですから、脳は「思考の習慣」という既存の規則性のもと、物事を効率よく処理できるようにしているのです。

即効性のあるダイエットが成功しないのも、「一瞬にして自分を変える」ことが成功しないのも、あなたの意志が弱かったり、怠け者であったりするわけではありません。

そもそもその「約束」自体が達成不可能であるし、また、たとえ達成したとしても長く継続することは非常に難しいものである、ということを知っておいてください。

「思考のリバウンド」に要注意！

なぜ、ダイエットを続けることが困難かというと、一生懸命にやればやるほど、つかの間の成功と失敗を繰り返すことになるからです。つまり、体重の増減を繰り返す「**ヨーヨーダイエット**」に陥ってしまうということです。

このヨーヨーダイエットがまずいのは、単に体重が増減するだけでなく、体が「太りやすい体」、逆に言えば「痩せにくい体」になってしまうことです。

ダイエットで食事の摂取量を減らすと、体は敏感にそれを察知して飢餓反応を起こします。これは、食べ物（栄養）が不足した状態に置かれると、体が同じ食べ物からでも最大限の栄養を体にとどめようとする働きです。

つまり、**飢餓反応を起こした体は、必要以上に脂肪を蓄えやすい体になる**ということです。ダイエットをがんばっている人には元の木阿弥かもしれませんが、体は「命を守る」という原理原則に基づいて、あなたの体を守ろうと本来の務めを果たしているだけなのです。

これは、体だけの作用ではありません。自分を変えるために「思考の習慣」を変えようとするときにも似たようなことが起こります。

常に前向きに明るく、物事の肯定的な側面に焦点を当てたり、自分や他人の長所に目を向けたり、ネガティブな出来事の中にも何か得られるものを見つけたりといった、**いわゆる「ポジティブ思考」でいることを自分に強いると、あるときは成功するかもしれませんが、ふとしたときに反動が起こってしまう**のです。

前述したように、元来、私たちには「命を守る」という生存本能が備わっています。そのため、病気や犯罪、リストラの可能性や家計の状態、他人のネガティブな言動といった自分の「ウェルビーイング（well-being）」（心身ともに幸福な状態）に害を加えるものに敏感に反応する自己防衛のセンサーを常に働かせています。

どちらかと言えば、**私たちの思考はもともと「ネガティブ寄り」**なのです。


それを無視して、急激に「ポジティブ」に持っていこうとすれば、思考に強い圧力をかけねばなりません。そうした圧力を長時間かけ続けること自体に無理があるのは、想像に難くないのではないでしょうか？

不慮の事故や災難、または些細な出来事をきっかけに、その圧力がとれてしまい、思考はネガティブにがくんと振れてしまうことがあるでしょう。

まるで振り子が右に左にと大きく揺れる状態です。

これは、ヨーヨーダイエットと同じ現象で、その振り幅の大きい不安定な状態に心は疲れてしまいます。

「思考の習慣」を変えることとは、振り幅を小さくしていくこと

人間の習性はもともと、少し「ネガティブ寄り」であるということを理解したうえ

思考の振り幅を小さくすれば心は安定する

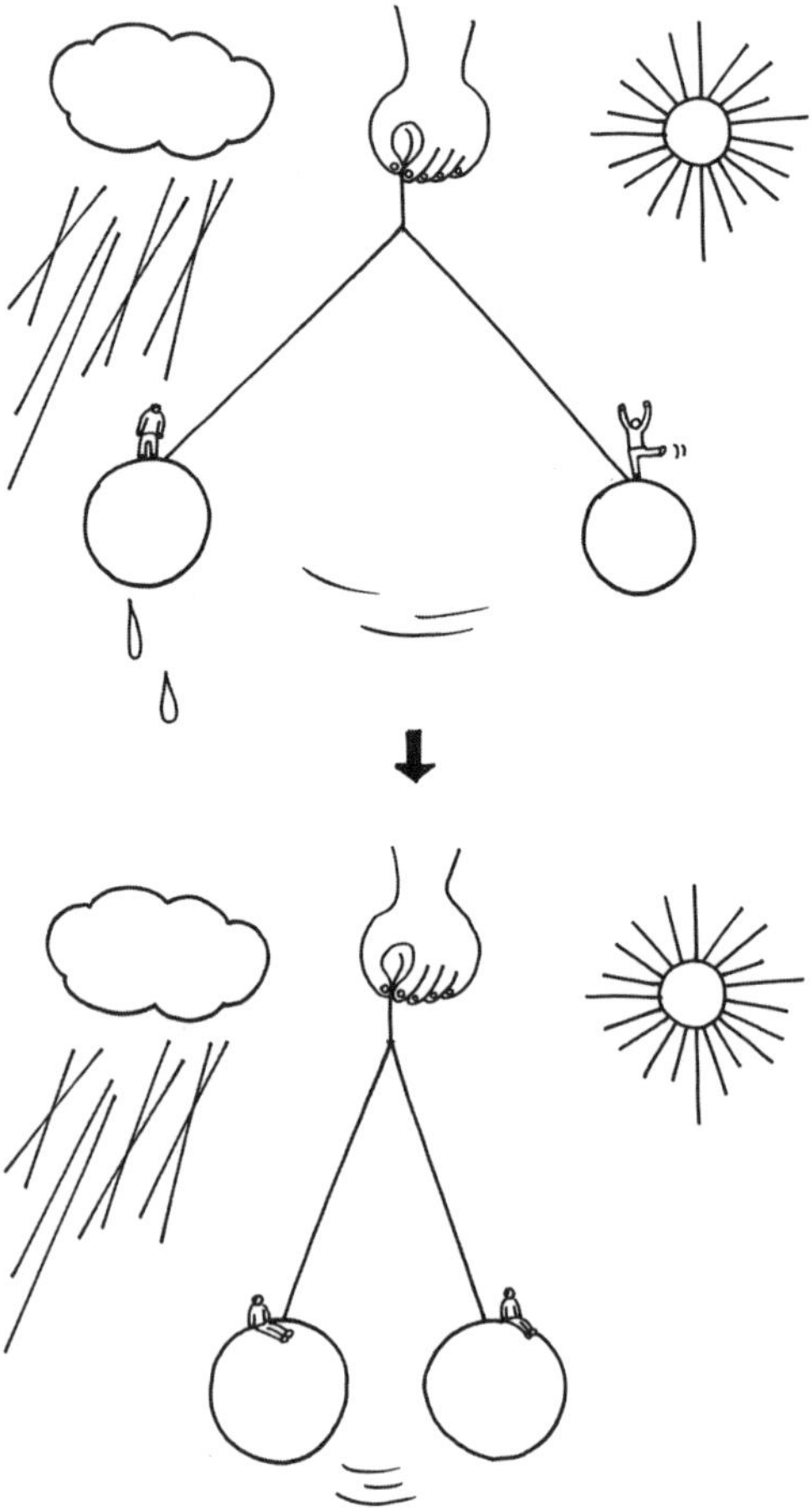

で、「思考の習慣」を変えようとするならば、最初に目指すべきは、**何事にも積極的に前向きに取り組むための「ポジティブ思考」ではなく、自分の心を安定させること**です。

もちろん、日常生活で気持ちがアップしたりダウンしたりという多少の浮き沈みがあるのは誰にでもあることです。

ただ、その振り幅が大きいことで苦しむのは自分以外の何物でもありませんよね。ですから、「思考の習慣」を変えていくことで、その振り幅を小さくしていくのです。

「自分を変える」というと、大がかりな自己改革を連想される方もいらっしゃるかもしれませんが、実際はそんな大げさなものではありません。

「今」という時に意識を向けて、自分のあるがままを受け止めながら、長年かけてつくられてきた「思考の習慣」を見直すということです。

そして、その「思考の習慣」の中で、特に自分のためになっていない部分を、より自分のためになるものに変えていくことを目指します。

ゆっくり、やさしく自分を変えよう

「自分にやさしい」のと「自分を甘やかす」のは違う

自分にやさしくあるということは、自分を甘やかすこととは違います。甘えは自分の弱さを容認し、自らの働きかけを怠り、結果に対する言い訳を自分にも他人にもするということです。あなたの心が感じる居心地の悪さ、一口に言えば「罪悪感」が、自分の心の中に潜む甘えを教えてくれるでしょう。

自分へのやさしさとは、自分をいたわる心がけです。

私たちは多くの場合、時間に追われ、たくさんのことをこなしながら、日々ひたむきに生きています。そんな自分の「がんばり」にまずは目を向けてほしいのです。

自分に対して「やさしさ」を向けないでいると、私たちの心からはゆとりがなくなっていきます。**常に自分を何かに向けて追い立てているような感覚が習慣化してしまう**のです。

もし、私たちが日頃、心の中で自分に語りかけている言葉を音声化したら、その言葉の辛辣さに愕然とするかもしれません。

私たちは自分自身に対して、厳しい上司やスポーツの鬼コーチでも叶わないほどの、思わず自分が萎縮してしまうような、ひどい批判や非難の言葉を浴びせていたりするものです。

つい自己批判してしまうYさんの例

最近サラリーマンを辞めて、自分の得意分野であるグラフィックデザインを活かし、ホームページ制作会社を起業したYさん（30代男性）の例を見てみましょう。

起業して3年というYさんですが、最近は思ったように顧客が獲得できず、業績が伸び悩んでいます。何か頭をひねって新しいアイデアを思いつかなくてはと思っているのですが、起業した当初のような情熱とやる気が自分の中に感じられません。

それもそのはず、Yさんが心の中で最近自分自身に浴びせている言葉を振り返ってみたら、

「どうせ、お前のグラフィックデザインの能力なんてたかが知れているんだ」
「誰もお前がつくるホームページを魅力的とは思ってないんだよ」
「そもそも価値の低いものしか提供できない者が、起業なんて大それたことをやったことが間違っていたんだ」

などなど、自分を罵倒する言葉ばかりが並んでいたのです。

これではやる気を奮い起こそうと思っても、そんなエネルギーが内から生まれてこないのは当たり前ですよね。

でも、これはYさんが特別に冷酷な心の持ち主だから、そんなひどい言葉で自分を責めているわけではありません。Yさんも自分の友人が同じような状況にいたら、まったく違う言葉が口から出てくることでしょう。

「あなたのグラフィックデザインの腕は素晴らしいよ。あなた独自のスタイルが好きで、その価値をわかってくれて、自分のホームページをつくってもらいたいという人はたくさんいるはずだよ」

「今は顧客が少なくて時間に余裕があるなら、より顧客のニーズや願望を引き出すためのコミュニケーションの時間も余計にとれるし、自分の腕を磨くための時間もとれるよね。それが絶対後々につながっていくはずだよ」

などなど、相手の落ち込んでいる気持ちを受け止め、理解し、励まし、相手の力になるような言葉がけを行なうはずです。

私たちは他人に対しては、相手をいたわり、やさしく接することができるのに、いざ自分が対象となると、「ジキルとハイド博士」のように人格が180度変わってしまいがちです。

私たちが自分に厳しく当たるには、それなりの理由があります。

私たちの中には、人生において実現したい「理想」というものがあり、それと「現実」のギャップを常に意識しています。

そして、その理想に近づくための努力を自分が怠らないように、自分に厳しい目を向けて叱咤激励するのです。

けれども、その「自分には厳しい批判の目を向けて、向上する努力を怠らないように管理しなければならない」という無意識の「思考の習慣」が、自分のエネルギーを逆に消耗させていることが往々にしてあります。

だからこそ、罵詈雑言ともいえる否定的な言葉がけをやめて、逆に自分に対して心からの励ましや暖かい言葉がけをしてあげると、それまで萎えていたエネルギーが戻ってくるのです。

そうすると意欲が高まり、現状を打破したり、先に進んだりするためのアイデアが湧いてきます。

幸せの鍵は「新しい思考の習慣」

この「新しい思考の習慣」は、あなたが持つ本来の力を開花させ、より豊かで幸せな人生を送るための技術です。それを習得する過程では、あなた自身だけでなく、あなたを囲む周りの人も幸せにしていく素晴らしい波及効果もあります。

本書では、そんな**幸せの鍵を握る「新しい思考の習慣」を身につけて、自分の可能性を最大限に伸ばし活かしていく方法**を伝授します。

繰り返しますが、それは何も歯を食いしばり行なうようなものでも、頭を抱えるような難しいものでもありません。今まで意識を向けてこなかった自分の思考を見つめ直し、新しい気づきと学びを楽しみながら進んでいく、ゆったりとした旅のようなものです。

その過程では、小さな「気づき」が小さな「変化」を生み、それがさらなる「変化」へとつながっていく、そんな成長の喜びを実感していただけるはずです。

その具体的な方法は3章で説明しますが、そのステップに入る前の準備として、2章で「思考」そのものに対する理解を一緒に深めていきましょう。

2章

「思考の習慣」を変える最初の一歩

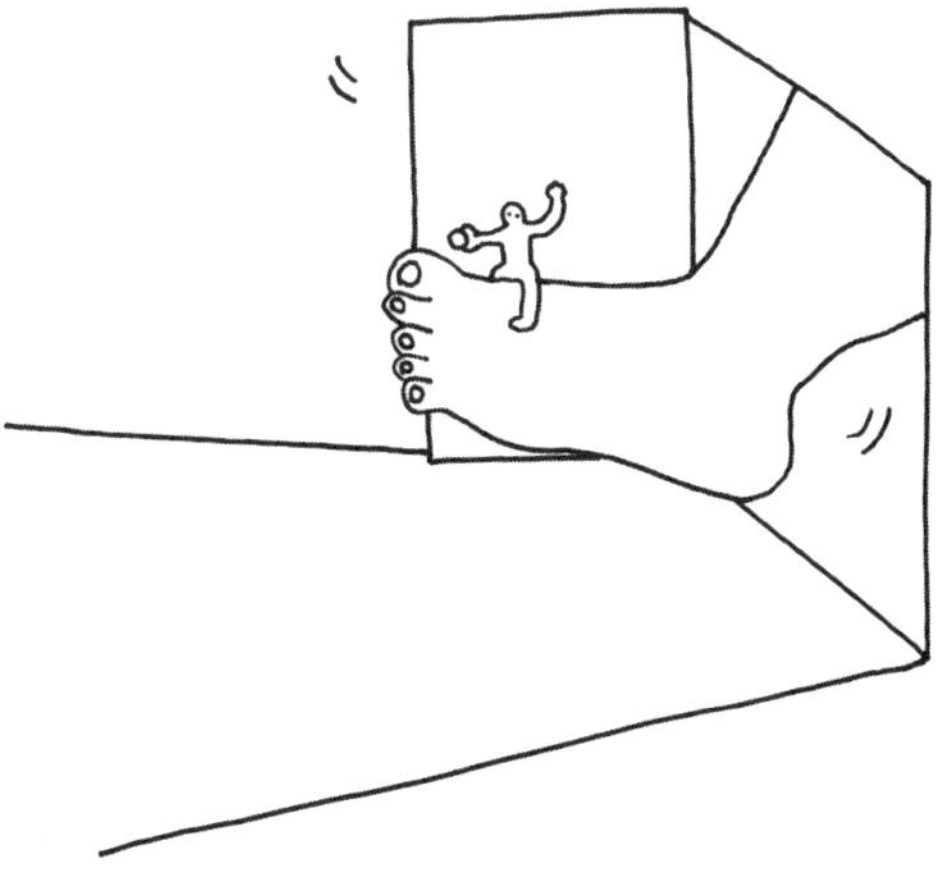

「思考の習慣」とは？

「思考の習慣」のフィルターで出来事の意味が決まる

「思考の習慣」は、私たちが物事を体験する際にフィルターのような働きをします。もし、私たちが生い立ちや家庭環境、学校教育、友人、人生体験などのさまざまな要素が複雑にからみ合って形成された「思考の習慣」というフィルターを持っていなかったら、あなたが体験する「現実」と他の人が体験する「現実」は１００％同じということになります。

でも、実際には、複数の人が同じ出来事を体験していても、全員が同じ「現実」を体験しているとは言えません。

人は出来事に直面すると、必ず「思考」がその出来事を解釈し、意味づけを行ない、「**自分の現実**」をつくるからです。

思考が解釈を行なわなければ、出来事自体はニュートラルで、私たちは「いい感情」も「悪い感情」も感じないはずです。

しかしながら、私たちは瞬時に、その出来事が「いい」か「悪い」か、思考により判断します。なぜなら、思考を働かせ、出来事を解釈し、意味づけをすることで、**自分が生きている世界を理解しようとしている**からです。

たとえば、仕事でミスをして、同じように上司に叱られた部下が2人いたとしましょう。

Aさんは、その出来事を「私のことを思って、言いにくいこともきっちり伝えてくださっているんだ。ありがたいな。上司の期待に応えられるよう、次回はミスしないように注意しよう」と解釈します。Aさんにとって、その出来事は自分の成長にプラスな出来事として認識されます。

一方、Bさんは「何て口うるさい上司なんだろう。いつもミスばかり指摘して、うまくやれていることには何の評価もしてくれない。こんな上司の下で働く私はついてない」と解釈します。Bさんにとって、その出来事はネガティブ以外の何物でもないはずです。

このように、同じ出来事であっても、それを「思考」により、どう解釈するかで、その人が体験する「現実」は大きく変わります。つまり、その人の思考が「本人の現実」をつくっているのです。

そのため、同じ出来事を複数の人が同時に体験していても、そこから生まれる「現実」は、人それぞれです。まさしく「**100人の人がいれば100通りの現実がある**」と言えるのです。

後出しジャンケンで「思考の習慣」がわかる⁉

ここで重要なのは、1章でもお話ししたように、その「思考」は習慣化されたもので、気づかないうちに一定のパターンをつくり、自分の中に定着しているということです。

自分が知らない間に身につけている「思考の習慣」を体験するワークとして、私はセミナーや研修などで、よく「後出しジャンケン」を行ないます。

これは、私が出すジャンケンのサイン（グー・チョキ・パー）を見て、その直後に受講生にジャンケンのサインを出してもらうというものです。

最初は通常の「勝つ」ためのジャンケンを3回連続でしてもらいます。最初に全員起立してもらい、私に負けた人、またはおあいこだった人は座るというゲームです。

この「勝つ」ジャンケンでは、ミスをおかす人は1割程度で9割の人は立ったままです。

次に「負け」ジャンケンを3回連続で行ないます。ここでは逆に、私の出したサインを見て、わざとそれに負けるジャンケンのサインを出してもらいます。

そうすると、今度はあたふたとされる方が多く、4割程度がミスをおかし、6割程度の人しか最後まで残りません。

このワークでは、今までの経験から「ジャンケン＝勝つもの」という「思考の習慣」を多くの人が無意識に身につけていることがわかります。

私たちは学校や社会に出てから、「勝つこと」をよしとする競争社会の中で成長してきました。

そのため、「成功するためには周りの人に勝たなきゃいけない」という「思考の習慣」は、私たちの中に強く根づいているように思います。

❸ 私たちが無意識に持っている「勝たなきゃいけない」思考

あるとき、30代で起業している社長さんの講演を聞いていたら「勝たなきゃいけない」という言葉が何度も出てきました。

「成功するためには（競争相手に）勝たなきゃいけない」という意味だったと思うのですが、その戦闘態勢のような「思考の習慣」が、その人のあらゆる人生体験を決定する主要なフィルターにならないといいなと感じたものです。

なぜなら、常に「勝たなきゃいけない」という「思考の習慣」で周りを見ていたら、相手が「敵か味方か」という二分法的な思考に、どうしても陥りやすくなるからです。

たとえ、競合する相手であっても、相手がいるおかげで自分も切磋琢磨できるという視点に立てば、相手が仕事を高め合う仲間に変わります。

特にシビアな面ばかりが強調されるビジネスの世界だからこそ、自分の「思考」を見直し、より伸びやかに幸せに生きていける「思考の習慣」を身につけることが大切なのだと思います。

ジャンケン1つをとっても、私たちは相手に「負けよう」と思ってジャンケンをした経験がないのと同様に、人生においても、それが学業であれ、スポーツであれ、就職活動であれ、仕事の昇進であれ、「勝つ」ことを第一の目的としてやってきた方が多いのではないかと思います。

そうして自分を振り返ると、さまざまな「こうあらねばならない」という思いが自分の「思考の習慣」として、自分を縛っていたことに気づくかもしれません。

たとえば、

「人前で間違いをおかすべきではない」

「安定した生活を築くためには、一流の大学に入らなければならない」

「価値ある人間と認められるためには、社会的に成功しなければならない」

「生きていくためには、自分がやりたくない仕事も我慢してやらなければならない」

などなど……。


このような「思考の習慣」は、本人にとってはごく当たり前の考えになっていて、客観的にそれを見るということがなかなかできません。

それが他人と交流する中で相手の考えや意見を深く知る機会に恵まれると、自分の考えが万人共通のものでないことや、他にもっといい考え方が存在することに気づかされたりするものです。

思考から生まれるサイクル

思考、感情、行動のサイクル

思考は単独で存在するのではなく、「感情」や「行動」にも密接に関係しています。「思考の習慣」が、私たちの感情や行動にどのような影響を及ぼしているのか？　そのプロセスをひもといていきましょう。

「思考、感情、行動」はどのようなプロセスで引き起こされるのかというと、まず、出来事がトリガー（引き金）の役割を果たします。

ある出来事を体験すると、瞬時に自動的に湧き起こるのが思考です。

この思考の内容は、本人の育ってきた環境、学校教育、親の価値観、人生体験、社会の常識など、さまざまな影響を受けて形成してきた「思考の習慣」がベースになっています。

たとえば、残業で帰りが遅くなった会社員が、駅から家までの人通りのない薄暗い通りを歩いているところを想像してください。

子どもの頃から、「世の中は危険なところだから、用心しなさいよ」というメッセージを受け取ってきた人は、薄暗い通りを1人で歩くことに少なからず恐れを覚えています。

そんなときに、突然背後でバサバサッと音がします。

とっさに、「誰かが後ろから追いかけてきた！　何か危害を加えられる（のではないか）」と考えます。

そして、それによって瞬時に生じた恐怖心から、あわてて後ろを振り返ります。

すると、音の正体は木から落ちてきた枝であり、自分を追いかけてくる人物など、もともと存在しなかったことがわかります。

そこで「なーんだ、木の枝だったのか」と安堵し、体の緊張も一気にほどけます。

もし、この人が最初から「世の中は優しさに溢れている」という「思考の習慣」を持っていたら、状況はどう変わっていたでしょうか？

突然の物音に、「なんだ？」という疑問は湧いたとしても、心臓が口から飛び出しそうなほどの恐怖心をとっさに覚えることはなかったはずです。

思考が感情を生み出している

このように、1つの状況に対してどういう思考を抱くかによって、そこで生じる感情が決定されます。

実際に、**感情は思考のないところには生まれません**。

そう言われても、今一つピンとこないかもしれませんね。では、ここで思考と感情の実験をしてみましょう。

では、いきますよ。

今から何も思い出さずに、何も考えずに、激しい怒りを感じてみてください。

いかがですか？

激しい怒りを感じることができましたか？

あなたが一般的な人なら、恐らく答えは「ノー」だと思います。

記憶や考えを一切抱くことなく、真空のような心の状態で、「感情」だけを感じることは、通常不可能だからです。

それはなぜかというと、感情はそれに先立つ思考があって、はじめて感じられるようになっているからです。

たとえば、仕事帰りに寄ったスーパーが混雑していて、レジに並ぶ人の列が異様に長かったとします。

帰途を急いでいるところで、順番を待っているあなたは、「今日は店員さんの数がいつもより少ないのかしら」と考えます。

そして、「こういうときの対応をお店はきちんとやってほしい」という欲求が生まれ、それが満たされないことにイライラするかもしれません。

でも、時間に余裕があるときは同じ状況であっても「今日は特売日だから、すごく忙しいのかも。店員さんたちも大変だけど、お店が繁盛するってことはいいことだよね」と考えるかもしれません。そのときの感情は、前回とは打って変わって、軽く明るいものでしょう。

このように、ある出来事に直面したときに、無意識に出てくるのが思考です。そして、**その思考に伴い、その思考にふさわしい感情が生まれます**。

思考はそのときの気分、状況、体調によって左右されることがあります。

子育てをされている方なら、自分の体調が万全でないときや、心身ともに疲れているときは、子どもの行動の遅さが、「私をわざと困らせている」ように思われてイライラが募り、強い口調で子どもを急かしてしまったような経験があるのではないでしょうか。

このように、私たちの思考と感情は密接に結びつき、行動を決定しています。

出来事が思考を誘発し、その思考に伴い感情が生まれ、その感情に動かされて行動

「思考→感情→行動」のサイクル

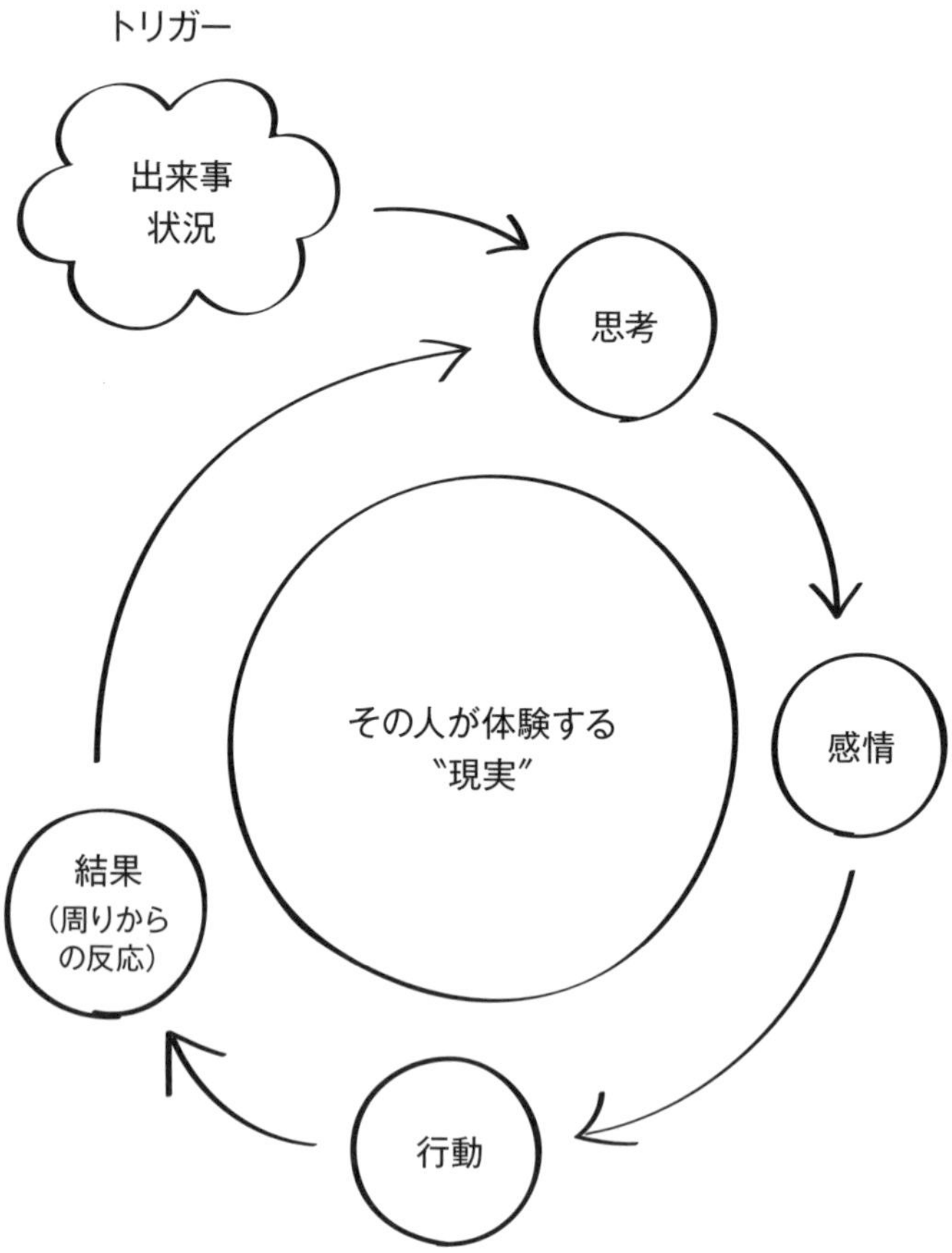

するという「**思考→感情→行動**」という一貫したサイクルがあるということです（前ページ図参照）。

その行動の結果が個人の体験や知識として、その人の中に蓄えられます。

そして、新しい出来事が起これば、その体験と知識のベースをもとに、新しい「思考→感情→行動」という次のサイクルが生み出されます。

このサイクルの特徴は、それがエンドレスだということです。

つまり、意識していなければ、私たちは同じパターンで出来事を捉え（思考し）、同じような感情を覚え、同じような行動を繰り返し、それが「習慣化」してしまうということです。

「思考→感情→行動」のサイクルを変えるためには

この習慣化してしまったサイクルを変えていくのに一番有効な方法は、「思考の習慣」を変えていくことです。

なぜなら、一度生まれた感情を変えることも、習慣化した行動の原因を追求することなく変えていくことも難しいからです。

これをわかりやすく説明するために、まずは感情を詳しく見ていきましょう。

たとえば、あなたが通勤で車を運転していたとします。そこで前の車が方向指示器を出すことなしに、突然急ブレーキをかけて交差点を左折したとします。

あなたは前の車の運転手の危険な運転に対して、「後続車への配慮がまったくない人だ」と考え、腹が立ちます。

ここでとっさに感じた「怒り」を急に変えることや、なかったことにしてしまうことはできませんよね。

前にも述べましたが、感情はきちんとした意味と目的があって感じるようにできています。ここでは、「自分の身が危険にさらされた。安全を妨害された」という思考が怒りを生み出しました。

そして、怒りはあなたに「自分の身の安全を確保する」行動を促します。

感情は強いエネルギーで、そのエネルギーの流れを急に止めたり、抑制したりすることが難しいということもおわかりいただけると思います。

それでは、思考を変えることはどうでしょうか？

相手のことを「後続車への配慮がまったくない危険な運転をする人」と考えることもできますが、「きっと突然、左折しなければいけないことに気づいたのだろう。ちょっと危険だったけど、私にもそういうときがあるし、ひとまず事故もなかったし、よかった」と考えを改めることもできます。

そうすれば、怒りの感情が、「ま、そういうこともあるよね」という相手を思いやる感情に変わるはずです。

また、その感情に続く行動としては、「クラクションを大きく鳴らして、相手を戒める」のではなく、その場を「相手の行為を穏やかに見過ごす」というものに変わるかもしれません。

つまり、**感情は変えることが難しいけれど、思考を変えることは（練習は要しますが）それほど難しくない**ということです。

そして、その新たな思考に伴い、感情は自然と変わるので、その感情から派生する行動も無理せず変えていくことができます。

行動にフォーカスすると、どうなるか?

では、ここで行動を変えることだけにフォーカスすると、どうなるかを見ていきましょう。

食習慣を変えたいと思っているKさんの例です。

Kさんは仕事から家に帰ったら、疲れとストレスから思わずアルコールやジャンクフードに手が伸びてしまいます。それを、もっと健康的な食習慣に変えたいと考えています。

そこで、まずは家にアルコールやジャンクフードを買い置きしないように心がけ、冷蔵庫には新鮮な食材をストックしておくようにします。

ところが、会社で嫌なことがあり、気持ちがむしゃくしゃすると、そのネガティブな感情を一刻も早く一掃したいという衝動にかられます。

そこでまた、帰りのコンビニでビールやジャンクフードを買い込み、家で憂さ晴らしのために飲み食いするという古いパターンに戻ってしまいます。

それが「食習慣を変える」という目標から外れる行為であることも十分わかっているし、罪悪感もあるのですが、Kさんは「今すぐ、この嫌な気持ちをどうにかしたい」という衝動から逃れることができません。

それは、いったん湧き起こった「自分が職場で正当に評価されていない」という思考と、それから生じる屈辱感や悲しさをなくしてしまいたいという衝動です。

その衝動は「自分（の自尊心）を守る」という人間の生存的欲求に根づいたものですが、結果的にKさんを望んでいない行動へ突き動かす力を持っています。

Kさんがこの衝動から逃れるためには、実は自分の思考のプロセスに気づく必要があります。

自分がどういう出来事に対して、どんな思考を抱き、それがどんな感情を引き起こしているから、特定の行動パターンに陥ってしまうのか？ そうして突き詰めた根本原因を理解し、解決していかないことには、行動の習慣だけを変えるというのは無理なのです。

逆に言えば、「思考の習慣」を変えさえすれば、それに続く感情と行動は無理してがんばらなくても、自然と変えていくことができるということです。

ただ、ここでの落とし穴は、思考はほぼ無意識で起こるため、それに客観的に気づくことが難しいということ。

そのため、ある感情に先立って起こった自分の思考がどんなものであったかを、意識的に自分に問いかけることにより明らかにする必要があります。

感情と気分の違い

なお、感情と似た言葉に「気分」がありますが、これらは明らかに違うものです。

感情は私たちが何かを考える際に、それに伴って瞬時に引き起こされる心理的反応です。

一方、気分は、「健康的心理機能」を説いたアメリカの心理療法士リチャード・カールソンによると**「自分が思考の作り手であるという理解の度合い」**によって決定されるといいます。

気分と感情の大きな違いの1つは、感情は具体的な対象（出来事や人物）があって起こるけれども、気分はそういった明確な対象がなくとも起こるということです。

また、数秒から数分という短い時間に凝縮された一過性の感情とは異なり、気分は同じ状態が数時間から数日間続いたりします。

さらに感情は、アメリカの心理学者ポール・エクマンが提唱した「6つの基本的感情＝驚き、恐怖、怒り、嫌悪、悲しみ、幸福」のように細かく分類でき、表情やジェスチャーなどを使って的確に表現することができます。

一方、気分は単に「いい気分」「悪い気分」などと漠然としていて、的確な表現が難しいものでもあります。

一般的に、感情は行動に影響を及ぼし、気分は思考に影響を及ぼすといわれます。

気分が悪いときには、否定的な思考が生まれやすく、結果としてネガティブな感情が生まれやすくなります。

ただ、興味深いのは、数日間「悪い気分」にいる人が、思わぬ幸運な出来事に遭遇し、とっさに喜びという感情を感じることや、逆に「いい気分」に浸っている人が、突発的に不運な出来事に遭遇し、怒りなどのネガティブな感情を感じることもあるということです。

ですから、気分が完全に感情を支配しているわけではありません。気分がベースとしてありながらも、感情はそれにとらわれず変化することが可能ですし、また感情の変化により、それまで長引いていた気分が大きく変わるということもあります。

このように感情と気分は複雑にからみ合っていますが、ここで1つ覚えておいていただきたいのは、**「悪い気分」のときには、思考もネガティブに傾く**ということです。ですから、気分が悪いときには、そこで浮かんだ思考や感情を深刻に捉えすぎないように気をつけておく必要があります。

ただ、思考と感情と行動のからくりを十分に理解し、これらを上手に活用していけば、総合的に「いい気分」を感じることや維持することも容易になっていきます。

本書では、気分そのものよりも、思考と感情にフォーカスして話を進めていきたいと思います。

思考を変える方法①

感情を受け止める

ネガティブな感情があなたのナビゲーター

自分の思考に意識を向けるということに慣れないうちは、抵抗や違和感を覚えるでしょうし、確かに難しいことです。

なぜなら、思考は私たちが意識せずとも、BGMのように常に頭の中に流れているもので、その量は数にして**1日6万個**だといわれます。そんな膨大な「思考」のすべてに注意を払うなんて、そもそも不可能です。

また、思考自体が長年かけてつくられてきたものであり、ある一定の「思考の習慣」を抜け出したり、新しい習慣に変えたりしていくには、意識的な働きかけと集中力が必要です。

そこで注目して活用していただきたいのが、感情です。

ネガティブな感情は非常にインパクトのあるものなので、気をつけていなくても、見過ごしてしまうということはありません。

たとえば、怒り心頭に発しているときに、ボンヤリとしていて、後から考えたら「私、あのとき、すごく怒りを感じていたんだよな」という人はいないはずです。

ですから、**ネガティブな感情を感じて、気持ちがドーンと沈んだり、怒りでカーッとなったりしたときが、「思考」に意識を向けるチャンス**なのです。

その不快感をシグナルとして、自分の思考を振り返ってみるのです。

感情の居所を探る

ただし、思考へ目を向ける前に、まずは自分が感じている感情に対応する必要があります。

自分の体に意識を向けて「感情の居所」を探ろう

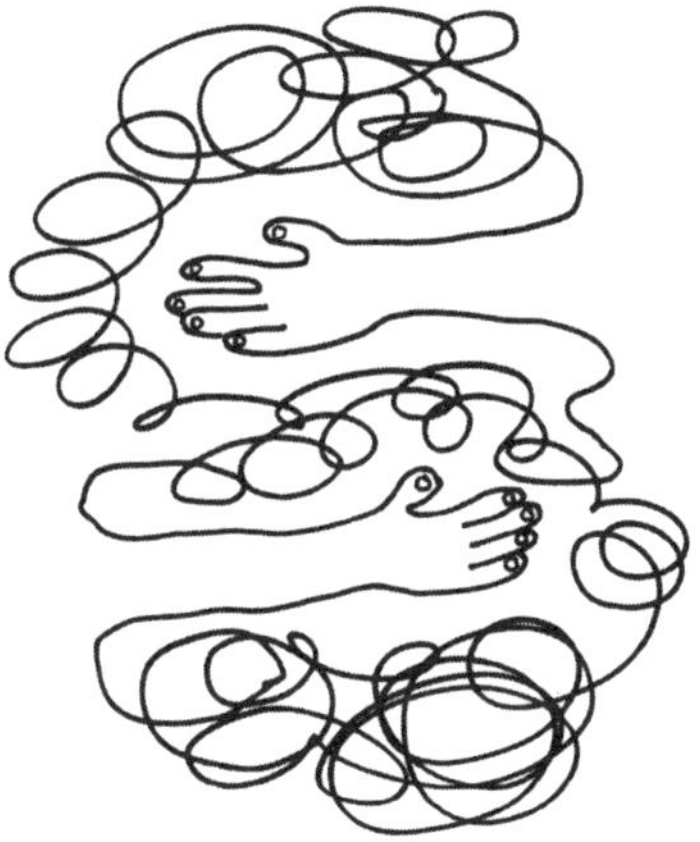

なぜなら、ありのままの自分の感情に向き合い、しっかりと受け止めることを先にやらないと、**どれだけ思考に注意を払おうと思っても、対処されていない感情が邪魔をして集中できない**からです。

ネガティブな感情は体にも反応が表われます。

感情によって、のどがしめつけられる感じがする、胃がキリキリと痛い、胸に氷の破片が刺さっている感じがするなど、反応している体の部分に意識を向ければ、**「感情の居所」**がわかります。

ネガティブな感情が体全体ではなく、局所のみで感じられるということがわかれば、感情が思っていたほど大きな影響力を持たないことが認識できるでしょう。

この認識によって、**感情が現実以上に肥大化することを防ぐ**ことができます。

心の中にネガティブな感情が渦巻いているときは、「ネガティブな感情の居所」に意識をフォーカスして、その感情の波が落ち着くまで、「批判」や「判断」を加えることなく、そばに寄り添う気持ちでいましょう。

そうすると、気持ちが少し軽くなり、体の緊張もゆるむことがわかると思います。

私たちはどういうわけか、自分に対して厳しい態度をとってしまいがちです。

ネガティブな感情を抱いているときも、

「そんな嫌な感情がある自分は醜い人間だ」

「気持ちの切り替えがパッとできない自分は弱い人間だ」

と批判の声を自分に浴びせていたりします。

そして、ネガティブな感情は、実際感じていて非常に気持ちが悪いものなので、それを抑えたり、避けたり、消したりしようと努めます。

けれども、いったん生まれた感情は、それをなかったものにしたり、長期間抑圧し続けたりすることはできません。自分の中に溢れてくる感情を無視したり、一時的に押さえ込んだりしても、根本的な解決にはならないのです。

私たちの中には**「自分の気持ちをわかってほしい」という強い欲求**があります。だから、それを満たしてあげることではじめて、気持ちはおさまり、平静な心に戻っていくことができます。

自分の気持ちを認め、受け止め、寄り添い、理解することは、自分をやさしく扱う大切なプロセスなのです。

思考を変える方法②

歪んだ思考に気づく

歪んだ思考のパターンとは

感情に向き合い、しっかりと受け止めるというプロセスが済んだところで、次に「なぜ、私はこんな気持ちになっているのだろう?」と自問すると、感情に先立つ思考が見えてきます。

前項でお伝えしたように、感情を揺さぶり、自分を苦しめているのが「**歪んだ思考**」です。

「歪んだ思考」とは、認知対人関係療法の第一人者として知られるデイビッド・バーンズ博士が提唱したもので、代表的な例としては、以下のものが挙げられます。

・白か黒か思考

物事や人を「いい」か「悪いか」、または「成功」か「失敗」か、というように完全な2分法で捉えてしまう。物事によっては、グレーゾーン（中間層）に位置するものもあるのに、それを認められず極端な解釈をする。

・一般化のしすぎ

1つの体験から、すべての物事はこうであると一般化する考え方。そのときに置かれた状況や人との関係性などを通じて、物事は変化するにもかかわらず、必ず同じパターンを繰り返すと決めつけてしまう。

・結論の飛躍

正当な根拠がないのにもかかわらず悲観的な結論を出してしまう。相手の言動から、相手は自分のことを嫌っていると結論づけたり、思い通りにいかないことが少しでもあると物事は悪化する一方だと結論づけたりすること。

・すべき思考

何かをする際に「～すべき」「～すべきでない」という考えを持ちやすい。その「べき」にそぐわない自分の言動に関して罪悪感を持つ。また、「べき」にそぐわない他人の言動に関して怒りや葛藤を覚える。

・個人化

自分が直接責任を追わない事柄が起こったときでも、自分のせいであるかのように感じてしまう。

自分がどのような歪んだ「思考の習慣」を持っているかは、人間関係、金銭面、健康、その他において、トラブルとして浮上してくることがあります。

なぜか似たようなトラブルを抱えやすいという人は、自分の歪んだ「思考の習慣」が原因になっていないか検討する価値があるといえます。

「歪んだ思考」を変え、心が軽くなったSさんの例

たとえば、個別セッションに来られたSさんは家族とのトラブルをいつも抱えていました。年老いていく親とのケンカが絶えず、互いを思いやれない関係が、腹立たしくもあり悲しくもあったのです。

それでも彼は、実家を時折訪れずにはいられませんでした。

そこでSさんに「なぜ、親に対して、そんな怒りやフラストレーションを感じるのだと思いますか？」と尋ねてみました。

すると、彼は「自分は長男であるから、いずれは親の面倒をみるべきだと考えています。親が認知症や重い病気にかかったら、自分の人生は介護に追われ台無しになるだろうと思うと、不安にかられるのです」と言われました。

そして、自分の返答から、自分が無意識に抱いていた思考にSさんははじめて気づいたのです。長男としての義務感と責任感からくるプレッシャー、将来に対する不安から、親に対して、「もっとしっかりしてほしい、自分たちの健康管理にもっと気を

配ってほしい」という欲求をぶつけていたことがわかりました。

そして、そこには親への思いやりや愛情が欠けていたことも。


そこで、彼は自分の歪んだ思考を見つめ直し、以下のように変えてみました。

「確かに自分は長男だし、何かあったら親の面倒はしっかりみたいと思う。でも、万一の事態になったら、自分1人で抱えるのは無理だし、兄弟と相談して分担してやっていこう。予測がつかない未来のことを心配するよりも、親が元気なうちに一緒にできることをもっと楽しんでおこう」


そう考えた途端に、彼の肩の荷はスーッと軽くなり、親に対しても前向きに優しくできるようになりました。

ここで、彼を苦しめていたのは、「すべき思考」と「結論の飛躍」でした。

それを客観的に認識して、「歪んだ思考」を自分の気持ちがラクになるものに切り替えたとき、親に対する感情や態度も自然と変わっていきました。

Sさんの例を見ると、感情はそれがどんなものであれ、自分の敵ではなく、より健全な方向に自分を導く味方であり、ナビゲーターのような役割を果たしてくれていることがわかりますね。

あなたがより幸せになるように、感情はシグナルを出して、自分の「思考の習慣」を見つめ直し、正す機会を与えてくれているのです。

では、自分の思考を客観的に見ることができるようになるために必要な心がけを、次項で見ていきましょう。

思考を変える方法③

自分の思考をコントロールする

単なる反応か、それとも一旦停止して選択するか

私たちの心は、何か出来事を体験すると瞬時に、かつ自動的に反応する、と57ページで説明しました。

それは脚気の検査を思い出してみるとわかりやすいかもしれません。

この検査では、患者はベッドに腰かけます。医者が患者の膝をハンマーのようなもので軽くポンと叩きます。そこで、自動的に足がぴょんと跳ね上がれば、正常とみなされます。

これは、専門用語では「膝蓋腱《しつがいけん》反射」と言われるものです。英語ではknee-jerk

responseといい、広く「反射的な行動」や「反応がいつも同じ人」を意味します。

思考プロセスに関しては、私たちは知らないうちに、まさしくこの「反射的反応」をしているのです。

なぜなら、**自分の思考をコントロールする**ということを家庭、学校、社会でも教わる機会がほとんどないからです。そもそも自分の思考は客観的に見ることができる、ということすら気づいていない人も多いことでしょう。


ですから、まずは自分の思考に気づくことが最初の一歩です。

出来事に対する反応として、思考が自動的に湧き起こるプロセス自体は変えることができません。

けれども、いったん浮かんだネガティブな思考が嫌な感情を引き起こし、またそれがさらなるネガティブ思考を生み、さらに自分を落ち込ませるというネガティブスパイラルが加速していく前に、「一日停止」を入れることはできます。

それは、出来事に対して自分がとっさに抱いた思考に対して「ちょっと待って、でも、他に考えられることはないかな?」と尋ねてみる一旦停止です。

ある出来事に対して抱く思考は、人によってそれぞれです。ということは、それだけ**思考の選択肢があるということなのです。**

起こった出来事は変えられない、けれど、その出来事に対するあなたの考えは選ぶことができるし、変えることができるのです。

思考は鍛えられる

否定的な出来事に対しては、思わずネガティブな思考を抱いてしまう。これは当然のことです。問題は、その思考にしがみつくのか、それとも違う選択肢に目を向けるのかということです。

生きている限り、私たちはそれこそ無数の否定的な出来事に遭遇します。

そのたびに、マイナス思考とそれに伴うネガティブな感情を野放しにしていては、ネガティブスパイラルの轍に簡単にはまってしまいます。

その結果、必要以上の不幸感を味わうのは自分以外の誰でもありません。

「思考の習慣を変える」とは、つまり、**自分の人生のコントロール権を自分の手の中**

に取り戻すことでもあるのです。

「思考の習慣」は生まれ持ったものではなく、成長の過程で後天的につくられるものですから、実はいかようにも変えることができます。

それを「できない」と感じるのは、そのための心の筋肉をこれまで使ってこなかったからです。

筋力トレーニングと同じで、心の筋肉も使わなければダメになるし、逆に、使えば使うほど鍛えられ、自分が望むような動きができるようになってきます。

次章では、より具体的に「思考の習慣」を味方につけて自分を変えていくプロセスを見ていきましょう。

3章

「思考の習慣」を味方につける5つのステップ

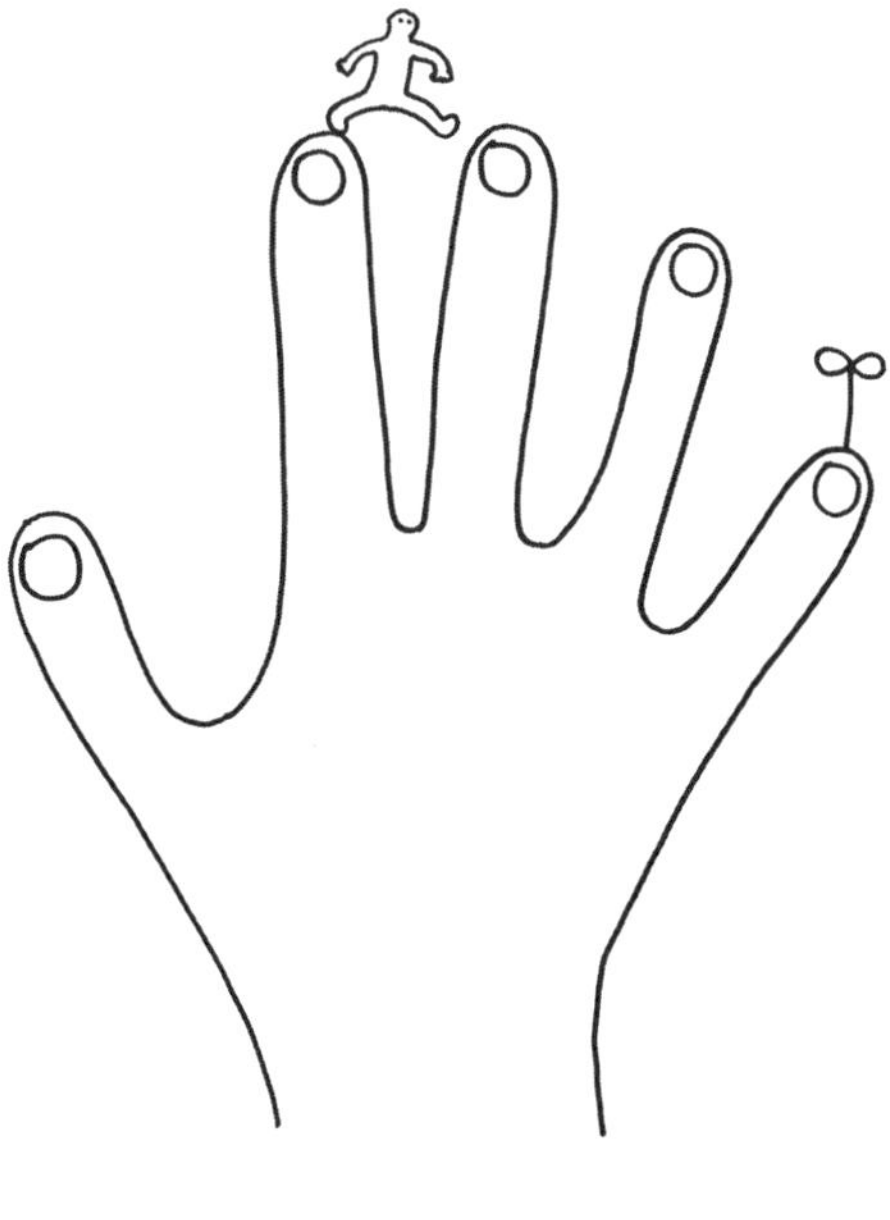

「思考の習慣」5つのステップ「気づき」から「実現」へ

ドングリとあなたに共通すること

ドングリ拾いを子どもの頃に経験した方も多いでしょう。私もドングリ拾いが大好きで、外で拾ったドングリを大切に引き出しの中にしまったりしていました。しばらくして引き出しを開けると、ドングリに虫が湧いて穴があいて、結局捨てなくてはならないということもよくありました。

しかし、どんなドングリでも、土に埋めて、水、養分、酸素、日光などを十分に与えれば、「樫の木」へと成長します。

大木に育つ可能性を秘めたドングリは、その殻を割って中身を分析してみたところで、そこに将来育つであろう「樫の木」の存在を垣間見ることはできません。

人間の潜在能力もまったく同じです。

私たちの中にはそれぞれ目に見えない潜在能力が宿っています。それは成長に必要な土壌と機会を与えられることによって、はじめて成長することができるのです。

ドングリが樫の木へ育つように自分を変える

「思考の習慣」を味方につけ、自分を変えていくためのプロセスには、5つのステップがあります。「はじめに」でご紹介した自己実現&人財育成プログラム「ターニングポイント」では、自己実現のための変化のステップを5段階で説明しています。

「思考の習慣」は、

①自己への気づき→②願望→③欲求→④可能性→⑤実現

という流れで、変化していきます。

ドングリを例にしながら、一緒に見ていきましょう。

STEP❶ 自己への気づき

「自己への気づき」とは、ドングリが自分の中に宿る「樫の木の存在」に気づくということです。

それは、現在の自分と樫の木の間に横たわるギャップに気づくことでもあります。

小さいドングリである自分が大木の樫の木に育つ〝可能性〟があるということに気づくとともに、その成長のために何が必要かを認識しはじめる段階です。

STEP❷ 願望

「現在の自分」と、自己の可能性を最大限に発揮した「理想の自分」との間にギャップがあることに気づくと、そこに「変わりたい」という願望が生まれます。

ドングリでいうと、「願望」は「樫の木のように大きくたくましくなって、鳥や虫、動物や人間に憩いと癒しの場を与えられる存在になれたらいいな」と思う段階です。

ここで、「願望」が次の段階である「欲求」へと移行するか否かは、目には見えない自分の中にある無限の可能性をどこまで信じられるかが鍵になります。

STEP❸ 欲求

願望がそのまま育まれると、願望に関する思考がどんどんふくらんでいきます。

そうして漠然とした思いが高まると、「○○したい」という明確な「欲求」となり、それは強い感情を伴うようになります。

この欲求を実現していくには、行動が不可欠です。思いを行動に移すモチベーションと明確な目標やプランが必要になります。

ドングリでいえば、「樫の木になりたい」という思いを大切にして、それを実現するための具体的な方策に目を向ける段階です。

STEP❹ 可能性

「欲求」が「可能性」というステップへ移るときに行動が起こります。

ただ、新しい行動には、必ず心理的抵抗が生まれます。それは「恐れと不安」がベースになったものです。

新しい行動は、自分がよく知っている心地よい場所（コンフォートゾーン）から未知の世界へ飛び出すことを要求します。

何が待っているかわからない未知の世界に飛び出そうとするとき、不安や恐れが生まれるのは、ごく自然なことです。

このステップでは、恐れを克服して最初の一歩を踏み出すための小さなアクション（マイクロアクション）とその小さな変化が生み出す効用を見ていきます。

ドングリでいえば、変化を恐れる心を克服して、土中という慣れ親しんだ環境を離れ、最初の芽を土の上に伸ばす段階です。

STEP❺ 実現

実際に行動に移したからといって、すぐに成功が約束されているわけではもちろんありません。そこには思いもかけなかったような落とし穴や失敗・挫折という経験が待っていたりします。

ここで元の自分にリバウンドせず、痛みを伴う経験をバネにして成長できるか否かが、願望の「実現」を左右します。

自分の周りを味方につけて、サポートシステムをフルに活用しつつ、自分の意志や

「思考の習慣」を味方につける5つのステップ

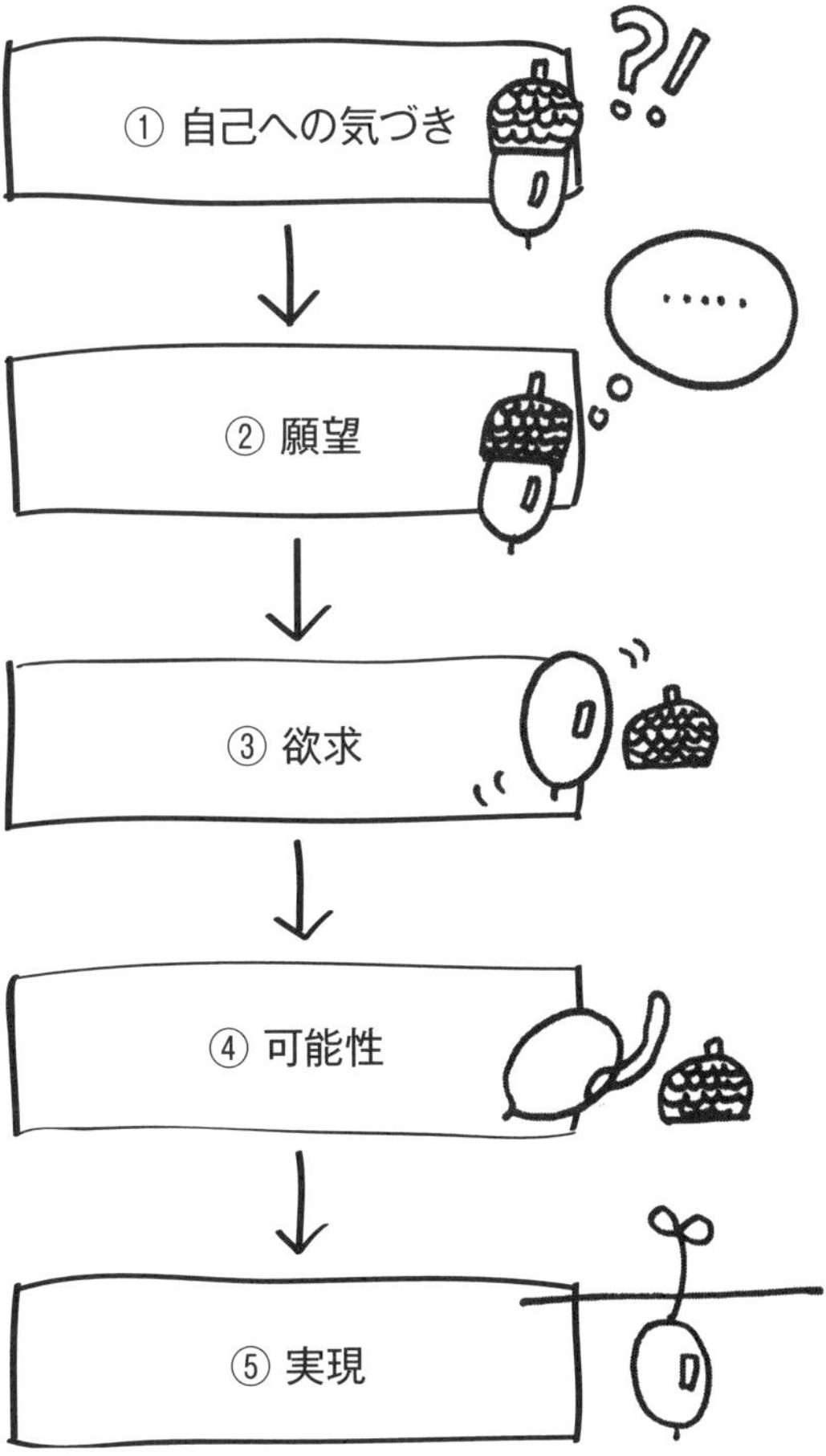

意志力も育てていくのが、この段階です。

そうしてドングリの芽は苗木へと、そして苗木から若い木へと育ち、大木へと確実に育っていきます。

いかがですか？　5つのステップの大まかな流れがイメージできましたか？

小さなドングリが大きな樫の木へと育つ奇跡を起こしたように、今度はあなたが自分の中に眠る可能性を呼び覚まし、「**なりうるべき最高の自分**」を実現する番です。

それでは、この自己実現を可能にするための「思考の習慣」を味方につける5つのステップを詳しく見ていくことにしましょう。

STEP① 自己への気づき

無限の可能性を持った自分に気づく

あなたは自分のことをどれだけ知っていますか?

生まれてからずっと一緒にいる「自分」という存在。私たちは、自分のことを誰よりも理解していると思い込んでいます。

ところが、実際には「自分のことを知る」というのは、そう容易なことではありません。

あなたは自分が普段どんな「思考の習慣」を持っていて、それがどのようにあなたの感情や行動に影響を及ぼしているかを意識したことがありますか?

そして、その「思考の習慣」がどのように形成されたかを考えてみたことがありますか？

これらは非常に大切な「自己への気づき」です。

なぜなら、あなたが今の状況にいるのも、あなたが「自分」と思える人格を持っているのも、どんな人間関係を周りの人と築いているかということも、すべて「思考の習慣」がベースになっているからです。

❸ あなたは無限の可能性を持っている

「自己への気づき」でもう1つ大切なことがあります。それは**「自分の可能性への気づき」**です。

「人は誰しも無限の可能性を持っている」

この言葉を耳にしたことがある方も多いのではないでしょうか？

しかしながら、これを本当の意味で理解している方は少ないように思います。

近年、「脳の可塑性《かそせい》」がよく知られるところとなりました。

脳の可塑性とは「一度ある特定の機能を獲得した神経細胞が、他の機能を獲得する能力」と定義されています。

言い換えると、神経細胞が新しい経験によって変化する能力が、脳の可塑性です。

人間の脳には140億個の神経細胞があります。その1つの神経細胞は1万のシナプスを介して他の神経細胞とつながっています。

神経細胞同士が結びつくパターン（回路）にはそれこそ無限の可能性がありますが、この神経回路が思考や行動を決定していきます。

神経回路は最初は遺伝子情報によってつくられるとされていますが、それはさまざまな刺激による入力（視覚や聴覚といった五感からの感覚入力、運動や行動に対するフィードバックによる入力）によって変化することが「脳の可塑性」の研究からわかっています。

さらに最近では、それだけでなく、思考や感情といった脳内活動によっても、神経回路は影響を受けて変化することが明らかになってきました。

皆さんも、「強迫性障害」という言葉を聞かれたことがあるかと思います。

強迫性障害とは、ある種の不快感や不安感を引き起こす考え（強迫観念）を振り払うことができず、自分でも不合理だとはわかっていながらも、その強迫観念を打ち消すための行動（強迫行為）を繰り返してしまい、日常生活に支障をきたす状態を指します。

症状の内容は多岐にわたりますが、代表的な例としては、手や体の汚れが必要以上に気になり、1日に何度も手や体を洗わなくてはならないケース、外出する際に家の鍵やガスの元栓などが気になり、何度も家に戻って確かめるケース、車の運転中に誰かをひいてしまったのではないかと気になり、何度も車を降りて確認せずにはいられないケースなどがあります。

いずれも、この強迫観念に伴う強迫行為の繰り返しのために、仕事やその他の日常生活を普通に送ることが困難になります。

このような強迫性障害の患者さんの脳に共通するのは、通常の人には見られない前頭葉にある神経回路の活性化だということが、最近の研究で明らかになってきました。

『The mind and the Brain : Neuroplasticity and the Power of Mental Force』(心と脳 : 神経可塑性と精神力のパワー、Harper Perennial)の著者であるジェフェリー・シュワルツ医師は、強迫性障害の患者さんの脳に見られる特有の神経回路に着目し、それを変えるために、「**新しい思考法＝強迫観念は自分ではなく、脳のある回路によって引き起こされているという考え**」を中心とした治療法を開発しています。

新しい思考法を取り入れ、注意を別のことに向けることを、患者さんたちに学ばせることで、問題を引き起こしていた神経回路の活性を弱め、別の神経回路をより活性化させます。その結果、それまでどうしても抑えきれなかった衝動がおさまっていくという治療効果を見せるようになりました。

これはまさしく「脳の可塑性」を利用して、問題を引き起こしている脳の回路を弱め、健康的な脳の回路を強化していくという方法によって治療を成功させた例です。

根拠のない自信にも、実は根拠がある!

長い間、人間の脳はある一定の年齢に達したら成長をやめ、あとは老化の一途を辿ると信じられてきました。

しかし、「脳の可塑性」の研究により、人間の脳は年齢に関係なく、いつまでも変化し続け、成長できることが判明しました。そして、その変化は外から脳内に入ってくる刺激からだけでなく、脳内で起こる思考や感情といった刺激からも影響を受けることがわかってきたのです。

これらの脳の可塑性に関する発見は、誰しもが自分の思考を活用することによって、「無限の可能性」という潜在的な力を開花させることができることを、科学的根拠をもって示しています。

「**根拠のない自信を持ちなさい**」という言葉があります。

確かに、自信を持つために根拠を必要としていたら、私たちは過去の実績や成功体験に頼るしかありません。

そうすると、私たちはいつまでたっても過去の自分を超えられないということになります。

だから「根拠のない自信を持ちなさい」となるわけですが、前述した「脳の可塑性」などを考えてみれば、私たちの無限の可能性には科学的根拠があることがわかります。

私たちが持つべきは「根拠のない自信」ではなく、実は、立派な根拠がある人間の潜在能力、ひいては自分の中にある無限の可能性に対する「**根拠ある自信**」です。

つまり、単に自信を持つことが「前向きな思考だから」とか、「そう考えると元気が出るから」根拠がなくても自信を持ちなさいということではないのです。

CASE 1 「鬱」に陥りそうな自分を食い止めた気づき

子どもが成人して退職後の生活を満喫していいはずのBさんは、ひどく落ち込んでいました。それは最近、手や足のしびれがひどくなり、病院に行ったところ、脊椎間狭窄《きょうさく》症の診断をくだされたからです。

「症状が悪化すれば歩けなくなるかもしれない。そうなれば子どもたちにも迷惑がかかる。人に迷惑をかけて生きるぐらいなら、もう死んでしまったほうがいい」などと、思考はどんどんネガティブな方向へ向かっていきました。

そして、外へ出るのも、人に会うのもおっくうになり、悶々とした日々を家の中で過ごすようになりました。

家族との会話も最小限にとどめるような毎日でした。

そんな暗い闇の中にいるような日々を送っていたある日、Bさんに突然ある考えが浮かびました。

「このままでは私はダメになってしまう」

それは、鬱病に陥ってしまいそうな自分を必死にとどめようとする心の声でした。

そこで、Bさんは自分の頭をグルグルと絶え間なく回っていた考えや思いを日記に書き出すことにしました。

最初は愚痴や不平不満のオンパレードでした。

「どうして私がこんな目に合わなくてはいけないのか?」「しびれがこのまま進行すれば私はどうなってしまうのか?」など、悲観的な思いも一気に吹きだしました。

けれども、そうして自分の内面を吐き出す日記を毎日続けていくうちに、自分が次第に変わっていくのに気がつきました。

最初は悲観的なことばかり書いていたのが、次第に「起こってしまったことは起こってしまったこと」「それを今さら悔い嘆いても何にもならない」という風に、日記の内容が変わってきたのです。

それは、暗闇の中に小さい灯りが差し込んでくるような感じでした。

そうして自分の中で起こっている思考に気づき、日記に書き出して自分を客観視することで、Bさんは次第に本来の自分を取り戻していったのです。

もともと自分には心配性の癖があり、それが不安を増長する「思考の習慣」をこれまでつくっていたとBさんは話してくれました。

これをきっかけとしてBさんは、心配や不安が減り、より楽観的になったと言われます。

自分の思考を客観視するのは難しいことですが、ある衝撃的な出来事を通じて、自分の内面を見つめ直す機会を与えられることがあります。

「病気も事故も何らかのメッセージを内包している」と聞いたことがありますが、自己への気づきを促すきっかけをつくってくれることも確かなようです。

相変わらずしびれはあるというBさんですが、以前ほどしびれが気にならなくなったそうです。逆にしびれがありながらも、まだ十分に体を動かしていろいろなことができることがありがたいと感じると言われています。

そんなBさんの顔はいつも明るく笑顔いっぱいです。

自己への気づきが、ひどい落ち込みから人を救うことがあるのだと、改めて「気づき」のすごさを感じさせられたのでした。

STEP② 願望

「変わりたい」という自発的モチベーション

願望はあなたの「変わりたい」という自発的モチベーション

「思考の習慣」に気づき、それが自分の可能性の開花を妨げていることが認識されてくると、今度はその障害となっている「思考の習慣」を変えたいという願望が生まれてきます。

願望はそれが何であれ、今ある状態から変わりたいという自発的モチベーションを表わしています。

モチベーションはよく上がったり下がったりするものだと言われますよね。モチベーションをいかに持続していくかというのは、多くの人にとって課題のようです。

モチベーションは自分の「動機」と密接につながっています。

「なぜ、自分はそうなりたいのか？」

「なぜ、自分はこれを成し遂げたいのか？」

と自問することで、自分がある特定の願望を抱いた理由に行き着きます。

それが、あなたの確固たる願望への動機です。

この動機づけが明確であればあるほど、私たちはモチベーションを維持することができます。

たとえば、あなたが「歌手になれたらいいな」と漠然と思っていて、その動機が「素敵な洋服を着られるから」とか「カッコいい芸能人と知り合いになれるから」という程度のものであれば、そのモチベーションを維持するのは難しいでしょう。

逆に歌うこと自体が喜びで、歌うことでエネルギーがもたらされるのであれば、モチベーションを維持することは難しくないはずです。

前者と後者の違いは、前者は歌うことがある目的への手段であるのに対して、後者は歌うこと自体が目的であるという点です。

「行動自体が目的だ」という強い動機づけを持っている人は、高いモチベーションを保つことができます。このモチベーションの維持が、成功への鍵を握っていると言えるでしょう。

ちなみに、三日坊主という言葉がありますよね。これは一般的に、人のモチベーションは3日間ほどしか続かないことを指しています。

ですから、3日以上継続できるモチベーションがあれば、それだけであなたは**意味ある願望を持っている**と言えるのです。

❸ 感情を伴う動機づけはモチベーションを高める

あなたの「思考の習慣を変えて、自分を変えたい」という願望の裏にある「なぜ」という動機づけ。何だかやる気が起きないというときは、この「なぜ」に立ち戻ってみてください。

そのときに感じる気持ちが弱ければ、その願望はあなたの本心から出た真の願望ではないのかもしれません。

あなたの「自分を変えたい」という願望の根幹にある動機は、**感情を伴う強いものであればあるほどモチベーションを高めます**。

セミナーの受講生Sさん（30代女性）は、アロマで起業したいという憧れの気持ちを抱きながら、「どうせ私なんて」と自己を卑下する「思考の習慣」から抜け出せずにいました。

そんな彼女が、昔の級友に偶然出会いました。そこで、学生の頃は内気でおとなしかった級友が、今では複数のエステサロンを経営するビジネスウーマンとして生き生きとした人生を送っている姿を目の当たりにしたのです。

そんな級友との再会が、「あの内向的だった彼女もがんばって起業家になれたのだから、私にも何かできるはず。このまま人をうらやみながら、人生を終わらせたくない。彼女みたいに生きがいを感じながら輝いて毎日を生きていきたい」という強いモチベーションをSさんにもたらしました。

それから、Sさんはイベントでアロマブースを持つなど、将来の起業という夢に向けて、最初の一歩を踏み出しました。

行動は英語でactionです。これを分解すると「I act on.」（私が何かに向けて行動する）。つまり、**行動とは、自分が主体となって動く**ということです。動くためにはエネルギーがいりますよね。そのエネルギーを供給してくれるのが、あなたのモチベーションというわけなのです。

「憧れの人を持つ」ことの本当の効用

「○○みたいになりたい」という願望を持ったことがある人は多いと思います。我が家の5歳の娘は今、しきりに「プリキュアになりたい」とか「プリンセスになりたい」と言っています。私の双子の姉は5歳ぐらいの頃、「将来何になりたい？」と聞かれて、「郷ひろみになりたい」と答えていたといいますから（笑）、やはり「○○になりたい」という思いは小さい頃から自然に芽生えてくるのだと思います。

この「○○のようになりたい」という願望は、とても大切なものです。**願望が生まれると、私たちの中にもともとある成長志向が明らかになります。**

自分の中にもそうなれる可能性があるのだ、ということに目を向けた状態になると言ってもいいかもしれません。

ところが、大人に近づくにつれ、「こうなりたい」という夢を抱き続けるということが難しくなります。

たとえば、「プリンセスになりたい」と言う娘に対して、「そんなのなれるわけないじゃない」という大人は今のところ誰もいません。

でも、彼女が大きくなっていくとどうでしょうか？ 夢を語り続ける彼女に「いつまでも夢見てちゃだめだよ」「そんなのムリに決まってるでしょ」「早く現実を見なさい」という人間が出てくるのではないかと思います。

けれど、「プリンセスになりたい」という彼女の夢を大切に育んでいくことは決してムリなことでも、ムダなことでもありません。

なぜなら、それが「プリンセスを演じる女優になりたい」「プリンセスのようにエレガントなマナーを身につけたい」「プリンセスのように誰からも愛される人間になりたい」と、そこから派生していく夢があるかもしれないからです。

また、「憧れの対象」を持つと、人はその目指すべきものへ向けて、**自分の今の能力を超えようと動き出します**。そして、いったん動きだすと、それがさらなるチャンス、必要な人や情報に出会う確率も高めてくれます。

このように「憧れの人」を持つことは、その人の「こうなりたい」という願望をふくらませるだけでなく、その人がもともと持っている潜在能力を開花させる力を持っているのです。

❻ 願望から広がる未知の可能性

願望の特徴は、それがどのように発展していくのか誰にもわからないところです。

ある人がプロ野球でスーパースターになることを夢見て、厳しい練習に耐え、毎日汗を流し、自分の肉体を極限まで鍛えるということを長年行なってきたとします。

けれども、スーパースターになる技量と才能は、自分にはなかったという結論に至り、一戦から退き、コーチという役割に自分の能力を活かそうと決めるかもしれません。そして、コーチになってみたら、カリスマコーチと言われるような働きを見せ、弱小チームを最強チームへ育て上げ、優勝へと導くということが起こるかもしれないのです。

「○○さんのようになりたい」という願望は、自分が目指すべき方向性を指す風見鶏の役割を果たしてくれます。今の自分にはできないけれど、目指すべきところがあるというのは、それだけで力をくれるものです。

前述したように、私たちは誰しも生まれながらにして成長へ向かう「成長志向」を持っています。今よりもっと強くなりたい、高い知性を持ちたい、器の大きい人になりたい、優しい人になりたい、心豊かな人になりたい、などなど、どれも自己の成長を目指しています。

そんな成長志向から生まれる願望は、自分が変わるための最初の一歩です。

ただし、「こうなったらいいな」という願望は、変化への最初の種ですが、それはもろく繊細で、ちょっとした風で吹き飛ばされるおそれがあるということを知っておいてください。

それを教えてくれたのは、私のパートナーの言葉でした。

彼はクリエイティブな人で、いろいろなアイデアを思いつきます。その中には突拍子もないと思われるような内容もあります。

そんなとき、私はすぐに現実的になり、そのアイデアが実行不可能な理由をあれこれ思い浮かべて、つい言ってしまいます。

すると、彼は「**99%のアイデアは、生まれると同時に溺れている**」と私を諭してくれます。アイデアはもろく、簡単に潰されてしまうものだからこそ、大切に育む必要があるというわけです。

願望も同じです。それは「幸せの小さな種」のようなものです。

願望は、私たちの潜在能力という芽が伸び育つための小さな種なのです。ですから、その種が風に吹き飛ばされぬよう、雨に流されぬよう、しっかり守ってあげてください。

CASE 2 語学学習を可能にしたモチベーションの力

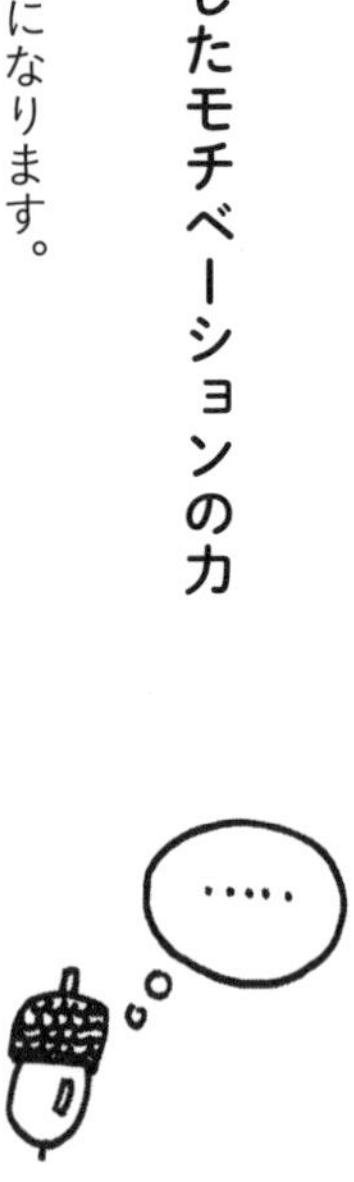

この事例は、実は私自身の話になります。

私は、１９９９年に単身ニュージーランドに渡ってすぐ、ある語学学校に通いました。

そこには、諸外国からの移民という生徒が多く、国籍、年齢、経歴もさまざまな人々が集まっていました。中には、母国では医者、弁護士、会計士、建築士だったという人々もいました。

でも、そんな高学歴で知性も教養も高い人々であるのにもかかわらず、ネイティブの人が彼らに抱く印象はそれとは真逆のようでした。なぜなら、彼らの話す英語が本来の知性を感じさせない低レベルの英語だったからです。

語学学校では、学歴や職歴においても誰にも引けをとらないような社会人の外国人生徒が、ネイティブの英語教師に幼稚園児や小学生に対するような扱いを受けているのを見ることがありました。

もちろん先生方は、故意に意地悪でそうふるまっていたわけではありません。ただ、相手の口から発せられる言葉によって、相手の知性を判断し、使う英語のレベルや振る舞いを適応させていただけなのです。

でも、その光景を見るたびに、私はやるせない気持ちになりました。

使う言葉次第で相手が自分に抱く印象が定まり、それによって相手から受ける扱いがこうも変わるのかと。

そのときに、「私はきちんとした英語で、自分の考えや意見を理路整然と述べられるようになる」と心に固く決めたのです。

それからは必死に英語を勉強しました。日本人との付き合いは極力避け、空き時間はすべて英語学習に割くような毎日を過ごしました。

1年後に、ニュージーランドに来て最初に通った語学学校の先生に会いに行ったところ、英語の上達に驚かれ、「この1年間、すごく英語を勉強したでしょう」と言われたときは、本当にうれしかったのを覚えています。

その後、ニュージーランドの国立オタゴ大学に通うようになり、英語力があるのは当たり前で、その英語を使って何を表現するのか、という中身のほうが問われるようになりました。

そこでは、私が日本人だからと特別扱いする人は誰もおらず、すべて自分が出す課題やプレゼンテーション、試験の結果次第で能力を判断されるようになりました。

それはそれで、また別の厳しさやチャレンジもありましたが、私にとってはやりがいのある居心地のいい環境でした。

「こうなったらいいな」という願望の実現は、モチベーションの高さがその成功の鍵を握っている。そして、モチベーションの高さは、その元である動機の強さによって決定される、ということを覚えておいてください。

逆に言えば、あなたが強い動機づけを持っているならば、その願望は実現することをすでに保証されていると言っていいでしょう。

さあ、あなたが心の底から強く感じる「こうなりたい」理由は何ですか？

STEP③ 欲求

具体的目標を設定する

SMARTゴールとは?

願望が高まり、気づけばそのことばかり考えるようになると、漠然とした「〇〇だったらいいな」から、「〇〇したい」という具体的欲求に変わります。

欲求になると、それを実現するための方策を考えるようになります。そして、この方策を考えるプロセスが、自分の目標設定につながっていきます。

明確な目標は、あなたを確実に正しい方向へ導いてくれる灯台のようなものです。

どんなにがむしゃらにがんばったところで、それが目標へしっかり結びついたものでなければ、せっかくの努力が空回りして報われないという結果に陥ります。

時に私たちは、**「一生懸命やっている自分」に満足し、気づけば成果を出していないということがあります。**

たとえば、学校の課題として長文のレポートを出されたとします。資料集めやリサーチを懸命に行なっていることに満足し、そこに膨大な時間を費やしてメモをとり、完璧な下調べノートを作成します。

そうしているうちに、レポートを書き上げる時間はどんどん減っていき、最後は提出期限の前夜に必死に追い込みをかけます。

けれども、プレッシャーで気持ちも焦り、その結果、いいものが仕上がらないということが起こったりします。

これは仕事においても同様のことが言えます。

明確な目標を持ち、その達成のために最初に掲げる必要があるもの。それがここでご紹介する**「SMARTゴール」**です。

smartには「知的、賢明な、賢い」という意味がありますが、SMARTゴールはまさしく、hard（一生懸命）ではなくsmart（賢く）ゴールを達成するためのツールなのです。

SMARTのアルファベットそれぞれは、英単語の頭文字をとったものです。

S＝Specific（具体的）……目標の具体化
M＝Measurable（測定可能）……測定可能な目標
A＝Aligned（価値観と合致）……価値観と合致した目標
R＝Realistic（現実的）……現実的（実現可能）な目標
T＝Time-bound（時間制限）……目標に時間制限（締め切り）を設ける

たとえばあなたが漠然と「職場で感情のコントロールができるようになりたい」と思っていたとします。

しかし、明確なゴール設定をしないまま、ただ何となく「感情をコントロールしたい」という願望を抱いているだけではなかなか実現しないでしょう。

「感情をコントロールしたい」という気持ちだけが高まっても、明確な目標設定がないと、あるときは感情に抑制がきくけれど、あるときは鬱憤がたまって爆発してしまって後から悔やむというパターンを繰り返すであろうことは容易に想像できます。

そんな自分に自己嫌悪を覚えるだけでなく、「感情のコントロール」という目標自体が自分には無理だったのだと考えてしまうかもしれません。

こうなってしまうと、目標達成はかなり困難になります。

最初に目標設定がしっかりなされていなかったばかりに、その目標達成はおろか、そのプロセスにおいて自分が嫌になるという自己否定が起きてしまうのは、何とも残念なことですよね。

SMARTゴールの活用方法

では、ＳＭＡＲＴゴールを活用して明確なゴールを設定するとどうなるか、見てみましょう。

①目標の具体化

具体化とはゴールを数値化、もしくは視覚的に鮮明にイメージできる言葉に落とし込んでいくということです。

たとえば、「職場での感情のコントロール」を目標にする場合、「部下が自分の期待通りの仕事ができないときに、とっさに反応して感情的になり、部下に対して声を荒げるのをやめたい」という具体的な表現に変わります。

②測定可能な目標

この場合は、1週間のあいだ、何度部下に対して声を荒げたかをカウントすることができます。そして、「1週間のうち、声を荒げるのを何回までに減らす」など、具体的な数値として設定します。

③価値観と合致した目標

あなたの価値観が、「冷静さ」「穏やかさ」というものであれば、感情のコントロールというゴールは「部下の仕事ぶりが自分の期待通りでなくとも、なるべく穏やかさを保ち、冷静な態度で部下に接することができる上司であること」という風に表現できます。

④現実的（実現可能）な目標

理想的かつ現実的なゴールを設定します。たとえば、今現在部下に対して感情的に叱る回数が1週間に10回あるとすれば、それを最初の1カ月で3割減らすようにして、また次の1カ月で3割減らすというように、少しずつ無理なく達成していきます。

⑤目標に時間制限（締め切り）を設ける

人は「いつまでに」という明確な目標がないと、ズルズルと物事を先延ばしにしてしまうものです。

この事例では、1カ月ごとの短期の時間制限に加えて、「これから6カ月後までに、感情的に反応する回数を0に近づける」という時間制限の決め方ができます。

かくいう私も先延ばしにしてしまう自分の傾向を重々承知しているので、仕事は分割してそれぞれに期限を決めて行なうようにしています。

具体的には、締め切りを前倒しに計画しておくのです。

たとえば、金曜日までに提出すればいいものであれば水曜日までに、月末が締め切りであれば、その1週間前に締め切りを設定しておきます。

そうすると、精神的にも余裕が生まれ、見直しの時間もたっぷり持てて、自分のベストを尽くせるからです。

ある程度、時間のプレッシャーがあったほうがギリギリのところで力を発揮できるという人もいるでしょうが、それが続くと心身に無理が生じます。また、それでは思わぬ事態が発生したとき、対処できません。

時間制限を設けることは、自分に約束を課すということであり、そこには責任が生まれます。

その責任感をプレッシャーとして活用するほうが私は賢明なやり方だと思うのですが、あなたはいかがですか?

◉具体的にどんな場面で、どう考え、感じ、行動したいのか？

SMARTゴールの設定は目標達成を確実にするためのツールですが、実はそれ以上に大切なことがあります。

それは、**ゴールを達成した自分をイメージし、その状態を先取りして感じる**ということです。

なぜなら、私たちの脳は現実と想像の区別をせず、簡単にだまされる傾向にあるからです。

「プラシーボ効果」という言葉を聞かれたことがありますか？

これは、簡単に言えば、偽の薬（治癒効果のまったくない錠剤）を飲んだ人が、それが本物の薬であると信じ込んでいたために、実際に治療効果を体験し、症状が改善するというものです。

これまでの「プラシーボ効果」を調査する研究では、医療的なもの以外に、ノンアルコール飲料をアルコール飲料だと信じ込んで摂取した人が、酔っぱらった人と変わらない言動・行動を示し、物事への反応が鈍くなったこと。
また、カフェインなしの珈琲をカフェイン入りだと思って摂取した人が、より頭が冴えて仕事の効率が高まるという研究結果など、数々の「不思議な」実験結果の報告がされています。

何かを信じ込むということは、私たちの心身に多大な影響を及ぼすということを考えると、自分が目標を達成したかのようにふるまうということの大切さがわかります。**"Fake it till make it."（成し遂げるまで、あたかもそうであるかのようにふるまう）**という言葉がありますが、これは「プラシーボ効果」を上手に活用することを推奨している言葉だといえます。

前述の「感情のコントロール」という目標に戻れば、部下の仕事ぶりに単に反応するのではなく、どこか冷静に、穏やかに状況を見ていられる自分を想像します。
瞬間的な感情の高まりに呑まれるのではなく、「どういうところを変えれば、次回はうまくいくと思うかな?」などと、相手の気持ちを汲み取りながら、穏やかに対応している自分の姿をしっかりビジョンとして見るのです。

そして、たとえ相手の仕事内容が期待通りでなかった場合でも、「私はあなたを信頼しているし、何か問題があって助けてほしいならいつでもサポートするよ」という穏やかな気持ちで部下に接している自分をイメージする。そうなれる自分を信じるということです。

もちろん、何度か失敗もあるでしょうし、思いがけず感情に呑まれて、思うようにいかないときもあると思います。

それでも「こうなりたい」という明確な目標があり、そのビジョンを意識していれば、それにそぐわない自分の感情や行動を、前より素早くキャッチできるようになります。そして、失敗したときには、その失敗がなぜ起こったのかという振り返りや反省もできるようになります。

そうしてゆっくり、少しずつかもしれませんが、望む変化は必ず訪れてきます。

実際、私もこのイメージングのおかげで、頭ごなしに子どもを叱りつけることを未然に防げたことが何度かあります（毎回成功とは残念ながらいきませんが……）。

もちろん、信じ込む「信念」の強ささえあれば、あとは何も行動しなくてもうまくいくということではありません。

「信念」が強くなると、それに沿った行動へのインスピレーションが湧いてきて、その行動を以前より無理なく行なえるようになるのです。

「信じる力」は「行動への力」を授けてくれます。

ＳＭＡＲＴゴールと想像力とのかけ算により生まれるシナジー効果で、ゴール達成を加速させていきたいですね。

CASE 3

「脱・買い物依存症」を果たすことを助けた具体的目標

30代独身女性のAさんは、自分でも理由がよくわからないまま、衝動買いをしてしまう癖がありました。

お腹がすいているわけではないのに口寂しくなると、つい食べ物を口に入れてしまう癖がある人と同じく、Aさんも物を買うということで、何となくモヤモヤする気持ちや寂しさといったものを解消しようとしていたのです。

けれども、その開放感や高揚感はどれも一時的なもので、しばらくすると余計に空しさが募ってくることに薄々気づいていました。

買ったものはどれも本当に自分が必要とするものや心から欲しいと思ったものでないことも多く、家に帰れば袋の封もあけずにしばらく放置しているということも多々あったからです。

そうして家には物がたまっていく一方で、全然幸せを感じられない自分にハタと気づき、これではいけないと思うようになりました。

そこで最近学んだSMARTゴールで問題を解決する試みをはじめました。

まず、具体的に月にいくらまでのお小遣いを自分に与えるのかを決めました。

その出費が目に見えるように家計簿をつけることにしました。

買い物依存症を脱するという目標に沿った自分の価値観は「身も心も軽快でシンプルであること」に気づき、シンプルライフを提唱する本などを読みはじめました。

そして、「お小遣い以上の買い物はしない」という目標は6カ月スパンで達成しようと決めました。

それに加えて、Aさんは自分のモヤモヤとした気持ちが解消されて、スッキリとした気分でいる自分を想像しました。

部屋の中も片づき、自分の心も晴れ晴れとしている状態をイメージしたのです。

そうして、シンプルライフ、断捨離などの勉強をはじめると、自分が求めているものがはっきりしてきて、自分の興味がファッション、コスメ、グルメといったものから、少しずつ内面的なものに変わっていきました。

その目標を立てた日から半年ばかり経過した頃、Aさんは自分が「物から幸せを得られる」という考えを自分の中に持っていたこと、自分の中にあるネガティブな思いやストレスを解消するために衝動的な買い物に走っていたこと、でもそれは根本的な解決にはなっていなかったことなどを自覚するに至りました。

今では、無性に何かを買いたくなるとき、彼女は書店に足を運ぶようにしています。なぜなら、本に費やすお金は未来の自分へ向けての自己投資であり、思わぬ形でそれが実を結ぶことを学んだからです。

そうしてフォーカスが定まったAさんは自分の感情に振り回されることが減り、ムダな買い物が減りました。

目標を明確化する効用を知ったAさんは、SMARTゴールを他の分野にも適用しようとがんばっています。

STEP④ 可能性

目標を実行可能になるまで細分化する

新しい行動に伴う心理的抵抗

「こうなったらいいな」という思いが強くなると、それが願望から、さらにインパクトのある「こうしたい」という欲求に変わるということはお話ししました。でも、欲求段階でも、その思いが行動に移されない限りは、実現される可能性は限りなくゼロに近いでしょう。

行動というのは自分にとって新しいものですから、そこには必ず、未知の世界に飛び出すリスクや、失敗を恐れる気持ちという心理的抵抗が生まれます。

私たちは常に、自分がすでに慣れ親しんだ状況に身を置くことを好みます。

なぜなら、それは予測可能な世界で、次に何が起こるのか、どういう状況であるのかという意識を働かせなくて済むところだからです。

これは**「居心地のよいゾーン（コンフォートゾーン）」**と呼ばれるものです。

自分が心地よいと感じるゾーンは、身体的スペースで考えるとわかりやすいかもしれません。

皆さんも食卓において、自分が座る定位置のようなものがあると思います。

そこに突然家族の誰かが座っていると、「そこは私の席だよ」と言いたくなる。「たかが席ごときで」と自分でも思うけれど、他の席に座るのが何となく居心地が悪く感じられる。

それは普段自分が座る位置から見えていた外の景色が見えないことだったり、隣に座る人が変わったりということによるのかもしれません。

理由が何であれ、私たちは、自分が慣れ親しんだものから逸脱することに対して抵抗を覚えます。

これが食卓での座る位置といった身体的スペースにとどまる程度ならまだいいのですが、コンフォートゾーンはあらゆる心理に同様に働きます。

准看護師の資格を持ってテキパキと明るく働くMさんは、患者さんや病院のスタッフからも評判が高く、正看護師の資格をとって、看護師としてしっかりキャリアを積んでいくことを勧められています。

彼女も正看の資格はいつかとりたいと思っていますが、いざ本気で勉強をすることを考えると、いろいろな言い訳が湧いてきて、その段取りができません。

正看の資格試験に挑むとなると、今のライフスタイルを変えて、趣味や余暇の時間を削って勉強の時間を確保していく必要があります。

また、試験を受けて失敗すれば、自分の能力のなさが明らかになるという思いも湧いてきます。

Mさんは、こうして考えれば考えるほど、自分が慣れ親しんだ毎日のルーティンを大幅に変えてまで試験にチャレンジすることが、目の前に立ちはだかる大きな壁のように感じられて、最初の一歩が踏み出せません。

Mさんのように、思い切ってチャレンジしたほうが将来的にはいいとわかっていることでも、自分の限界に直面したり、未知のことに遭遇したりする不安よりは、**慣れ親しんだ「不満はあるけど安心」できる現状を選ぶ傾向**が、私たちにはあります。

このコンフォートゾーンを超えたところにあるのが、「**発達成長ゾーン**」と言われるゾーンです。

そこで私たちは、脳に刺激を与え、少し背伸びをして自分の限界に挑戦することで自分の能力を高め、新たな成長を遂げることができます。

ただ、コンフォートゾーンと発達成長ゾーンの間には、ゾーンを隔てる壁があり、それを超えようとするときに湧き起こる「**心の抵抗**」をまずは超えなければなりません（左ページ図参照）。

次に、その「心の抵抗」を克服する方法を見ていきましょう。

コンフォートゾーンと発達成長ゾーンの間には「心の抵抗」がある

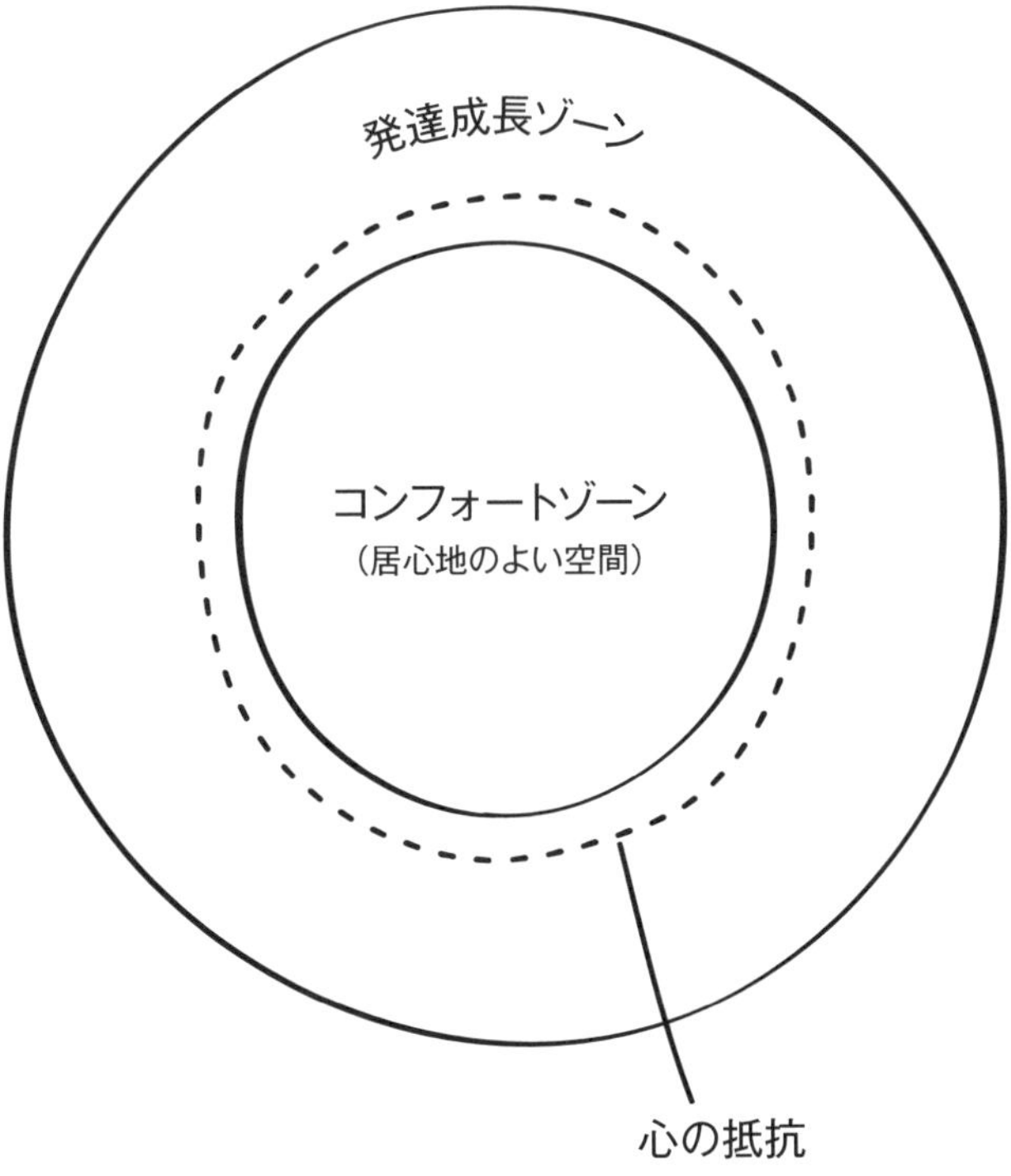

心の抵抗を生み出す「失敗を恐れる気持ち」

「心の抵抗」は失敗を恐れる気持ちから生まれるものです。
これを克服するためには2つのことが必要になります。

1つ目は、**行動を「失敗したくても失敗できない」小さなアクション（マイクロアクション）に変える**ことです。

マイクロアクションについての詳細は後述しますが、小さなアクションであれば、その結果の影響も小さく、心理的ハードルが低くなるからです。

2つ目は、**「失敗」に対する正しい概念を持つ**ことです。

本当の意味で「完全に失い敗れる」という失敗は、この世に存在しません。

たとえ行動の結果が自分の望んだ通りではなく、たとえ周りの人が「失敗」とレッテルを貼るようなものであっても、あなたは行動したことによってしか得られない貴重な体験を手にしています。それは「成果」以外の何物でもありません。

「失敗」という体験は、貴重なフィードバックです。

その体験があるからこそ、次の試みをどう改善していけばいいかがわかります。その悔しさがあるから、「よし、次は見てろ！」というエネルギーが生まれてきます。

失敗を恐れて何も行動しないでいると、行動に伴う成長の機会と貴重な体験が得られません。その結果、自分の才能を眠らせたままで生涯を終えることになります。

アメリカの女優のルシル・ボールは「やらないで後悔するより、やって後悔する方を私は好む」という言葉を遺しています。

その言葉にあるように、失敗を恐れて何も行動を起こせず、のちのち後悔する人生を送ることほど、残念な「人生の失敗」はないと私は思います。

❻ 心の抵抗を起こさせない工夫

「思考の習慣を変えて、自分を変えたい」という願望を実現するために、実際の行動を起こすときには、心の抵抗を起こさせない工夫をする必要があります。

それには目標を細分化して、**これ以上小さくならないというところまで分割してし**

まうことです。具体的には、その内容が小さすぎて、失敗したくても失敗できないようなところまでです。

そして、その分割した中から一番小さな、けれど具体的なアクションを選びます。この「**マイクロアクション**」とも呼べる小さなアクションにターゲットを絞ることが大切です。

たとえば、心配性で、ありとあらゆることを心配してしまう「思考の習慣」を変えたいという人がいたとします。

心配性の人が抱える、ネガティブな思考を繰り返し頭の中でよみがえらせる傾向は、心理学用語で「反芻《はんすう》」（rumination）と言われるものです。

反芻とはもともと、牛が食べ物を消化する際、最初に特殊な胃袋（rumen）で食物の一部を分解し蓄え、また後から口に戻して咀嚼《そしゃく》し、消化を促す行為を指します。

動物で見られる反芻はもちろん消化を助けますが、思考の反芻は、ある物事を現実以上に肥大化させ、不安感を自分自身であおり、解決策ではなく問題にフォーカスした堂々めぐりの考えに固執させてしまうことになります。

たとえば、大学生のCさんは、自分が「アルバイト先で嫌われているのではないか」というネガティブな考えを抱えています。

なぜなら、シフトを決めるのは社員なのですが、そのシフト数が以前に比べて減ってきているからです。

自分は週に5回はシフトに入りたいと思い、そう公言しているのに、最近は週に2回、多くても3回しかシフトが入りません。

心配性のCさんは、このシフトの数はバイト先での「自分の人気」を反映していると結びつけ、「やっぱり自分は嫌われているんだ。シフトの数が揺るぎない証拠だ。自分の何が悪いのだろう?」と鬱々と考え込んでしまいます。

実際には、仕事自体がそれほど忙しくなく、そのためシフト数が減っただけかもしれないのに、シフト数だけにフォーカスして、「自分は嫌われている」という堂々めぐりを頭の中で繰り返しています。

この心配性の人が「思考の習慣」を変える場合、その悲観的な思考を楽天的で前向きな思考に一気に変えようとすれば、心の中に大きな抵抗が生まれるのは間違いありませんよね。

では、この場合に考えられるマイクロアクションとは何でしょうか？

たとえば、瞑想、エクササイズ、気晴らしのための読書、カウンセリング、または趣味に没頭するなど、心配な状態から脱するためにいろいろなアクションが考えられると思います。

でも、その中でも、自分にとって最も抵抗の少ないマイクロアクションを見つける必要があります。

そのようなマイクロアクションの一例として、以下のものが挙げられます。

①「生死に関わる問題か」という自問

心配で胸がいっぱいになりそうな予感がしたときに、「これは自分にとって、今すぐ『生きるか死ぬか』に関係する問題か？」と自問してみます（もちろん、人によって効果のあるマイクロアクションは異なりますので、これが万人に効果的なマイクロアクションではないかもしれません)。

そうすると、大抵のことはそこまでひどいものではないことに気づき、問題の大きさが現実的なものに戻ってきます。

②「解決可能か」という自問

「では、この問題は私が解決できるものか否か?」と自問してみます。

そこで、答えが「否」であれば、考えても仕方がないものに頭を悩ませ、心を痛めることが何の足しにもならないことに気づくでしょう。

③体を動かす

それでも、気持ちが晴れないときは、伸びをしたり、その場でジャンプしたりするなど、体を動かしてみます。

時間が許せば、実際に外へ出て新鮮な空気を吸うもよし、買い物に出るもよし。体を動かして、目に映る景色が変われば、ずいぶん心持ちも変わっていきます。

④「ストップ」技法

体をそう簡単に動かせないとき、たとえば、夜、布団の中で、堂々めぐりの考えに陥ってしまったら、心の中で「ストップ！」と言うのも効果があります。

もちろん、1回だけでなく、何度でも「ストップ」と言う必要はあるかと思いますが、「ストップ」と言い続けている自分が次第におかしくなってきたら、しめたものです。

もちろん、これらのマイクロアクションにより、「物事を悲観的に捉え、心配しすぎる傾向」が一気に消滅することはないでしょう。

でも、繰り返しマイクロアクションを実践することで、「新しい思考の習慣」は確実に**新しいパターンとして、あなたの脳の中に記憶されていきます**。

繰り返しますが、ここでの成功の秘訣は、心の抵抗を起こさせない「小さな行動（マイクロアクション）」です。

目標をできる限り細分化して小さな行動に落とし込む。その中で、限りなく小さな**「失敗したくても失敗できない」ようなマイクロアクション**を選ぶことです。

どんな行動であれ、行動を起こすと結果が生まれます。

その結果に基づき、次のマイクロアクションが生まれます。

人間は「成長志向」を持っているので、1つのアクションから成果が生まれ、喜びを感じると、また次の成果を得ようと自然と前へ進むようになります。

CASE 4

ダイエットに何度も失敗してきた人を成功に導いた小さな変化

会社員歴20年のDさんは、ここ数年自分の体型が学生時代に比べて大きく変わったことを嘆いています。学生時代、野球に打ち込んできたDさんでしたが、社会人になってからは運動をする時間もめっきり減りました。

夜の帰宅も遅く、家に戻り晩ご飯を食べたら、すぐ就寝。また付き合いで飲む機会も増え、週末は疲れをとるべく家でゴロゴロ……というパターンも少なくありません。

そんな中、学生時代は何を食べてもスリムな体型を維持していたのが嘘のように、今ではすっかりメタボ症候群の仲間入りをしたような自分の体型に危機感を覚えています。

ジョギングやジム通いも試みてみましたが、どれも長続きせず、結局元の生活に戻り、体重も変わらないままです。

そこで、Dさんはまず自分ができるマイクロアクションを考えてみました。

そして、「食べるものにきちんと意識を向ける」というマイクロアクションを実行してみることにしました。

すると、これまでいかに自分が「ながら食べ」をしていたかということに気づいたのです。

これまでは食事しながら、テレビを見たり、携帯電話をいじったり、新聞を読みながら食事をしていました。そのため、意識はほとんど食べ物に向けられていなかったのです。

自分が食べているものに意識を向けるようになったら、今度はよく噛むようになりました。食べ物の色、舌触り、匂い、温度、食感といったものに意識が向いたことで、それを十分に味わおうという自然な行動の変化が起きたのです。

よく噛むようになると、満腹中枢がきちんと働くようになり、今度は食べすぎるということがなくなりました。

そうして、「腹八分目」が自然と実行できるようになりました。

そんな生活習慣を続けていくうちに、周りから「Dさん、最近痩せたんじゃない?」と言われるようになりました。

気づけば、確かにこれまでのパンツのサイズも大きく感じるようになっています。体も心も以前より軽くなり、エネルギーが高まっているのを感じます。

そんなときに、昔の友人から週末に野球を一緒にやらないかという誘いを受け、Dさんは「やるよ!」と即答していました。

これからDさんがどのように変化していくのか、皆さんも容易に想像できるのではないでしょうか？

Dさんが最初に行なったのは、「○○ダイエット」というプラカードを掲げたような大きなアクションではありませんでした。

単に「食事中は自分が食べているものにしっかり意識を向ける」という小さなアクションをやってみたことから、その後のさらなる行動の変化が自然に芋づる式につながっていきました。

小さな行動の変化が新しい習慣をつくる「要石《かなめいし》の変化」となることはよくあることです。だからこそ、小さな行動を「たかが、こんなこと」と馬鹿にせず、まずは実行してみてほしいのです。

行動からどんな結果が生まれ、それがどんな次の行動につながっていくのか、それはやってみないことには誰にもわかりません。

「心の抵抗」にうまく対処しながら、可能性の芽を大切に育んでいく「マイクロアクション」。ぜひ皆さんにも活用していただきたいと思います。

STEP⑤ 実現

練習を重ね、目標実現の確率を高める

ネガティブな感情をキャッチする感度を高める

マイクロアクションを起こし、ドングリを土に埋めてしばらくしたら、実現への可能性の芽が出てきました。

ただ、可能性の芽は、とてももろく弱くて、せっかく芽が出ても育たずにダメになってしまう確率も高いのです。

ですから、今度は、この芽が大木へと着実に育っていくためのケアをしていかなくてはなりません。

苗木はもろく弱い存在で、サポートとなる添え木が必要ですし、養分、水分、日光などさまざまな要素が健全な成長のために欠かせないのです。

思考はテープレコーダーのように、私たちが意識していないところで1日中かかりっぱなしになっています。その膨大な思考の内容に24時間注意を払い続けることは不可能です。

ただ、その**「思考の習慣」に伴う感情に敏感になる**ことはできます。

特にそれがネガティブな感情の場合は、自分の胸がモヤモヤしたり、イライラしたり、不快感を伴うインパクトが強いものなので、すぐにわかるはずです。

そこで、そんなネガティブな感情に気づいたら、いったん立ち止まって、

「なぜ私はこのような気持ちを感じているのだろう?」

「私はこの感情が起こる直前に何を考えていたのだろう?」

と、自分の思考をたどる質問をしてほしいのです。

すると、「部下にもっと先読みして動いてほしい」「夫にもっと育児に協力してほしい」「あの人は何であんな意地悪な物言いをするんだろう?」などと考えていたとい

うことに、はたと気づくかもしれません。

その考えを必要以上に深く掘り下げていくのではなく、「ネガティブな気持ちが少しでも晴れて、心が軽く明るくなる思考は他にないか？」と考えてみるのです。

それはもしかしたら、「私は私、相手は相手。相手がどうであれ私は幸せでいよう」、または「相手が変わってくれたらという期待を手放そう」という考えかもしれません。

そんな切り替えが難しい場合は、その出来事から完全に離れて、友達とランチする明日の予定のこと、子どもと約束した動物園でのピクニックなどにフォーカスすることになるかもしれません。

どんな手段を使ってでも、自分の気持ちが明るくなれる方向に意識を向けること。これは、実は**「心の筋肉」を鍛える1つの練習法**でもあるのです。

そうしているうちに、ネガティブな気持ちをキャッチする感度が高まり、ネガティブスパイラルが起こる前に、あるいは、まだそのネガティブな感情が弱いうちに、思考の方向性を変えることができるようになっていきます。

しかし、これは今まで使ってこなかった「心の筋肉」を使うということでもあり、最初はなかなか思うようにいかなくて当然です。

頭で何かを理解したからといって、すぐにそのスキルをフルに活用できる熟練者になれる人はいません。

「心の筋肉」は、体の筋肉を鍛えるのとまったく同じで、日々の鍛錬が何よりも重要です。

まずは、**自分の中で起こる感情に注意を払う**ことです。

それがネガティブな感情であれば、反応している体の部位に意識を向け、まずはその感情と体の感覚をあるがまま受け止めます。

そして、気持ちが軽くなったことが感じられたら、その感情に先立つ思考に意識を向けてみるのです。

そして、「**少しでも自分の感情がよい方向に向かう、新しい思考を選択する**」という練習を、最初は1日1回を目標にやってみてください。

1日の終わりに簡単な記録をつけてみるとよいかもしれません。

まずは自分が無意識に行なっていた「思考の習慣」を意識下に持ってくる、それが最初のゴールになります。

「心の筋肉」を鍛える練習に有効な4つのテクニック

「心の筋肉を鍛える練習法」について、さらに具体的に見ていきましょう。

ここでご紹介するのは4つのテクニックです。

①代替行動
②外的状況を整える
③ご褒美
④サポートし合える人間関係

これはもともと、新しい行動の習慣を定着化するための方法ですが、「思考の習慣」を新しいものに変えるためにも有効です。

①代替行動

代替行動とは、その名の通り、代わりとなる行動を事前に準備しておいて、いつもの行動を新しい行動へと変えていくことです。

たとえば、あなたがカッとなったらすぐに鋭い言葉が飛び出す傾向にあるとしましょう。そんなときは、カッとなった時に10から0まで数えるというのも有効な代替行動です。

代替行動の役割は、自分の心に猶予を与えることです。感情に突き動かされて条件反射的に行動に出ることを防ぐため、事前に心の中でも準備をしておくのです。「今度、カッとなったら、その憤りに任せて罵声を相手にぶつけるのではなく、しっかり心の中で10数えよう」と心に決めておく。

それだけでも、あなたは自分の心の筋肉をしっかり使おうという努力をしていることになります。

もちろん、そうして事前に心がけていても、最初は失敗するかもしれません。感情は強いエネルギーなので、最初はそれに突き動かされていつもの行動パターンに陥るということは誰にでもあるでしょう。

ただ、失敗をしたときに、「あ、失敗したな」という自分を客観視する意識が、次回は代替行動を使おうという意思をさらに強固なものにしてくれます。

代替行動が実際にとれると、今までとは違う結果を体験します。そのプチ成功体験が、新しい思考を生み、新しい感情を生みという風に、少しずつあなたの「思考↓感情↓行動」サイクルの内容が変わっていくはずです。

②外的状況を整える

人は時間に追われたように感じると心のゆとりが減少し、些細なことにも苛立つようになります。

これは個人の性格云々という問題ではなく、誰しもストレスが高まった状態では自己のベストを尽くせなくなる、という当たり前の事象にすぎません。

ですから、自分の心にいつもゆとりを持てるように状況を整える努力をする必要があります。

たとえば、いつも待ち合わせ時間にギリギリに到着する傾向がある人は、待ち合わせ場所に向かっている間は、時間の経過にハラハラしています。

運転中に制限速度以下で車を走らせているドライバーに憤りを覚えるのも、相手が悪いわけではなく、自分が自分を苦しめているということに気づきません。

でも、これも、「待ち合わせ時間に間に合うように」ではなく、「待ち合わせ時間の30分前に到着するように」と考えるならば、行動が変わります。当然、時間に余裕を持って家を出るという状況が整い、ゆとりが生まれます。

道中では交通事故や渋滞、バスや電車の遅れなど、突発的な状況に直面するかもしれません。そのような状況に直面しても、待ち合わせに間に合う時間を想定していれば、不必要なイライラや怒りも回避できます。

自分がネガティブな感情を覚える状況を考えてみてください。

それが繰り返し起こっているのであれば、その状況を改善する方法を検討してみましょう。そうすると、必ず改善できる外的状況というのがあるはずです。

自分の心に「ゆとり」を与えられる状況を考え整える。これも「心の筋肉」を鍛える大事なステップです。

③ご褒美

私たちは自分を過小評価しがちです。

はたから見たら大きな事柄を達成していても、自分が成し遂げたことはたいしたことじゃない、取るに足らないことだと考えてしまう傾向にあります。特に女性にこの傾向は顕著なように思います。

何かを達成しても、「これは私だけの力でなく、周りのがんばりやサポートがあったから」「今回は運がよかったから」と本気で考えている人もいます。

そんな風に謙遜することはもちろん完全に悪いことではありません。実際に、日本の社会には謙遜を美徳とする風潮が根強くあります。

しかし、これが行き過ぎると、自分の達成を自分で認めてあげられない、いつまでたっても自分に自信が持てないという問題も起きてきます。

ですからなおのこと、自分が何かを成し遂げたら、それをしっかり認め、自分を褒めてほしいのです。

これまで、感情に振り回される、思ったことがそのまま口をついて出てケンカになる、何でも心配しすぎるというような習慣を持っていて、それが少しでも改善されたと感じたら、それは立派な達成です。

1日の終わりに、「その日を振り返って、自分がこれまでできなかったけれど、今日はできたこと」を〝プチ達成〟としてリストアップしてみるのもいい方法です。どんなに小さなことであっても、自分の努力、がんばりを認めてあげると、もっとがんばろうというエネルギーが湧いてきます。

他人に褒められるのはうれしいものですが、自分のことをいつも見ているのは自分自身です。そして、自分の中で起こる小さな変化に真っ先に気づいてあげられるのも自分です。

小さい子どもがヨチヨチ歩き出したり、(お世辞にも上手とは言えない) 絵を描いたりするとき、大人の私たちは大げさに子どもを褒めますよね。

そうすると子どもはうれしそうな笑顔を見せて、またそれに没頭していきます。そうして練習を重ねて、見違えるほどいろいろなことが上手になり成長していきます。

こんな風になりたいという理想の人物に一歩一歩近づいている自分をしっかりと褒めてあげる。時には自分を大絶賛するぐらいの気持ちで自分を大切にしていただきたいなと思います。

④サポートし合える人間関係

「思考の習慣をポジティブなものに変えたい」というときに、自分の周りがネガティブな人だらけだったらどうしますか?

愚痴や悪口が尽きない相手に付き合わされて、気持ちが明るくなる人はあまりいませんよね。

私たちは、自分の周りにどんな人を置くのかというのも慎重に選ばなくてはなりません。

寂しいから何となく付き合っているという関係性ほど寂しいものはありません。お互いの成長の邪魔をし合うのではなく、促進できるような関係を持てる人を、ぜひ探してください。


結婚相手を選ぶときに、私たちは曖昧な気持ちで挑みませんよね。

「この人と一生添い遂げられるか」という基準で相手を選ぶわけですから、相手の考え方、価値観、性格、志向といったものに意識を向け、慎重に判断します。

友人を選ぶときも、実は同じ慎重さが必要です。友達の悪口を言いながらも、その人との付き合いをやめないというのは愚の骨頂です。


会社の上司、同僚、部下、取引先などといった人たちとの人間関係は自ら選択できるものではありませんが、自分の心のどこに、その人たちを配置するのかといった選択はできます。

私も会社員時代にどうしても相性の合わない上司がいて、そのときは「この人も会社を離れれば赤の他人で、ただのおじさん」と思うことにしていました（笑）。

そうして、自分の心の中で、自分と相手との距離をあえて置くことで、気持ちがずいぶん軽くなったことを覚えています。

逆に、自分が尊敬する人、好きな人であれば、自分の心の中で、自分と相手との距離をぐっと縮めてみるというのも１つの手です。

自分が相手に抱く気持ちは、言葉にしなくても態度や雰囲気から確実に相手に伝わります。

自分に対して好感を抱いてくれる人には、自然と好感が湧くものです。自分の成長を支援してくれる、または自分が相手の成長を支援するという人間関係のベースはこの「好感」です。

人間は社会的な動物なので、周りの人たちから善くも悪くも多大な影響を受けます。私たちが意識して選択できる「成長をサポートし合える人間関係」を、もっと大切に扱い、有効活用していただきたいなと思います。

CASE 5 ガミガミ言わない子育てを実現するための日々の練習

10歳、7歳、3歳の3人の子どもを持つ母親Cさんは、最近自分が子どもに対してガミガミ言ってばかりいることに気づきました。

子どもがベッドに入り、寝静まった頃になると、「ああ、今日も子どもたちにガミガミ言ってしまった」と反省するのです。

でも、翌朝になって時間に追われるようになると、また同じことの繰り返し……。

そんな自分がCさんは嫌になりました。

そこで、Cさんはガミガミ言いそうになったら、深呼吸して心の中で「ガミガミ、カミカミ、カ～ミカ～ミ」と呪文のように唱えることにしました。

それでも、イライラがおさまらないときは、「タイムアウト」と称して、可能なときは1人になれる部屋へ行き、その場を離れるということもするようにしました。

そうすることで、「なぜ、自分はこんなに苛立っているのだろう?」と自分の内面に冷静に目を向けることができるようになりました。

すると、自分がガミガミ言うのは「やるべきこと」がたくさんありすぎて、それに追われているとき、つまり「心のゆとり」を失っているときだと気づきました。

そこで、自分の「やるべきこと」を見直し、「本当にやるべきこと」と「すぐにやらなくても大丈夫なこと」を区別することで、「やるべきこと」リストを減らすようにしました。

また、夫や子どもにも家事の分担をお願いして、自分の負担を減らすための周囲からのサポートも増やしました。


それでも、ガミガミと言ってしまう自分を完全に卒業できたわけではありません。

そんなCさんに、「自分が1%でも悪いと思ったら、子どもに素直に謝ったらいいですよ」とアドバイスしました。

なぜなら、「きつい口調で言ってしまった」「言いすぎてしまった」「自分の苛立ちを子どもにぶつけてしまった」という罪悪感は、放って置くとモヤモヤとした気分となって、自分の中にふくらんでいきます。

その感覚は非常に不快なものなので、私たちはその原因を相手になすりつけるべく、相手を責める口実をいろいろ見つけようとしてしまうからです。

自分に少しでも非があると思ったときは、すぐに「ごめんね」と謝ることには大きな意味があります。それは相手のためだけでなく、自分の思考と感情をコントロールするうえで重要なスキルでもあるからです。

最初は子どもに対して謝るということに、強い抵抗があったCさんですが、子どもが「さっきはごめんなさい」と素直に謝る姿を見るうちに、「子どもができるのに、大人の私ができないのはおかしい」と思うようになりました。

親であっても自分が未熟な存在であるということを、子どもに正直に見せられるようになると、子どもとの関係性も変わってきました。

「完璧な親でなくてもいいんだ」というCさんの「心のゆとり」が、もともとCさんの中にあった子どもに対する愛情や優しさを、全面に押し出してくれるようになりました。

また、自分が謝ったときに、子どもがすぐに「いいよ」と快く許してくれることから、彼らがいかに許容力の高い存在であるかということにも気づかされました。

そんな子どもに対する感謝の念と愛情が深まると同時に、ガミガミと言う回数も自然に減っていきました。

それでも、何かの拍子にガミガミ言うことがあります。そこでまたCさんは、自分の「思考の習慣」を振り返り、気持ちを新たにして、目指すべき自分へ向けて努力を続けています。

よく言われる「育児は育自」という言葉通り、子育てを通じた自分育てをこうして日々実践しているCさんの子どもたちとの関係は向上の一途をたどっています。

将来、子どもたちが大人になったときに、どんな関係をCさんと結ぶようになるのか。すでにその幸せな関係が目に見えるようです。

4章

リバウンドせずに「新しい思考の習慣」を維持する秘訣

「はじめること」と「続けること」は別物だと知ろう

自分を「変える」ではなく「変え続ける」という姿勢

本書で説いてきた自己改革は、「思考の習慣」を変えることをベースにしています。実は、それは正確に言うと、**「変える」ではなく「変え続ける」**なのです。

喫煙や運動など人間の行動習慣を調査した研究では、習慣が完全に定着し、何の努力をしなくても、その新しい習慣が維持できるという状態は存在しないと言われています。

つまり、私たちがよい「思考の習慣」を築き上げたと思っても、それは「完全無欠」というものではなく、何かの拍子にまた元の状態へ戻る（リバウンドする）可能性が大いにあるということです。

ですから、新しい習慣の維持には、その習慣の形成と同じく、意識的な働きかけが必要なのです。

もう1つ覚えておきたいのは、**私たちは完璧な存在になることはできない**ということです。いったん「わかった！」と頭で理解したことでも、実践してみるとなかなかできないということがあります。

たとえば、皆さんも食べ物をよく噛んで食べることが健康にいいというのは知っていますよね。

しっかり食べ物を咀嚼することはアゴを鍛えるだけでなく、脳にもいい刺激を与えます。また、満腹中枢を働かせ、食べ過ぎを防ぎ消化を助けるなど、よく噛むことはいいことずくめです。

しかし、これを頭でわかっていながら、食べ物を口に入れたときに、その都度30～50回噛むということを実践できている人は一体どれだけいるでしょうか？（私は全然できていません、笑）

頭でわかっていることと、それを実践することは、まったく別ものです。
ですから、私たちは常に「意志力」を使って、行動を起こしていく必要があるし、いったん行動できたものでも、意識的に「日々、練習」という気持ちで継続していかなくてはならないということです。

ここで、「思考の習慣」を変えるための実践や練習を行なううえで不可欠な「意志力」について詳しく見ていくことにしましょう。

「意志力」とはどういうものかを知る

人の意志力というものは、その強弱に多少の個人差こそあれ、誰にとっても限られた資源であることには変わりはありません。

これはどういうことかというと、**何かに意志力が行使されると、残りの意志力は目減りし弱まる**というものです。

たとえば、こんな心理学の実験があります。

被験者は一人ひとり実験室に招き入れられます。目の前のテーブルには、焼きたてのチョコレートチップクッキーが入ったボールと、ハッカ大根の入ったボールが置いてあります。

被験者は無作為に2つのグループに分けられており、Aグループの被験者には「チョコレートチップクッキーには一切手をつけずに、ハッカ大根を食べたいだけ食べてください」という指示が出されます。

一方、グループBの被験者には、「ハッカ大根には一切手をつけずに、チョコレートチップクッキーを食べたいだけ食べてください」という指示が出されます。

実験者はその指示を出した後、実験室を出ていきます。

皆さんも、自分が当実験の被験者になったつもりで、その状況を想像してみてください。

目の前にはチョコレートチップがふんだんに入った、焼きたての香ばしい匂いを漂わせているクッキーがあるのに、それをみすみす断念せねばならないのです。

ハッカ大根が大好物という希有な人は別にして、大抵の人はクッキーに目を奪われつつ、その食べたいという衝動をぐっと堪えねばならないはずです。実験者は部屋にいないのだから、1つ2つぐらい食べたってわからない状況です。

実際に、被験者の中でも、こっそりクッキーを食べた人が数人いるぐらいです。

このように、クッキーの誘惑に負けないためには、自分の欲求を押さえる意志力が必要です。

実験には続きがあります。その食体験の後に、被験者は全員、実は解決不可能な問題（被験者はそれが解決不可能な問題であることを知りません）に取り組むよう指示されます。

そうすると、意志力を使ってクッキーを我慢しなければならなかったAグループは平均9分、クッキーを食べ放題であったBグループは平均17分、その問題解決に頭をひねったのです。

この結果で注目すべきは、意志力を酷使したAグループは意志力が弱まっており、問題解決に挑む時間が短くなったこと。

一方、意志力を使わずに済んだBグループは、その後に使う意志力の余剰が多く残されており、我慢強く、より長い時間をかけて問題に取り組めたということを示していることです。

私たちは、普段の生活において、膨大な意志力を使っています。

たとえば、会社員であれば、意志力を使って、朝早く起きて会社に行き、職場で嫌なことがあっても平静を装ったり、疲れていても我慢して残業をしたりなどしているでしょう。

状況がどうであれ、1日の終わり頃には、大抵の人の意志力はかなり弱まっているのではないかと思います。

仕事が終わった後に勉強しよう、エクササイズしようという目標が長続きしないのは、**本人の意志力が元から弱いという問題ではなく、意志力を使うことを、意志力が最も弱まっているときに行なおうとしていることに敗因がある**と言えます。

ですから、自分にとってハードルが高いことをするときは、意志力がたっぷりある時間を選ぶのがベストです。

かくいう私も、頭とエネルギーを一番使う物書きという仕事は、朝一番の仕事としてやることにしています。

「自分を変える」というときも、この意志力のことを頭にとめておいてください。

そして、何か新しい試みをしたいと考えているならば、まずはなるべく自分の意志力が最も強い時間を選んで取り組むようにしましょう。

❻「喜びの引き出し」を用意しておく

日々生活している中で、ネガティブな出来事に直面することは避けられません。

それは、仕事のミスや友人との不協和から病気や事故、そして天災に至るまで、内容はさまざまでしょう。

状況が何であれ、心がショックを受けたときは、**自分にとってためにならない、昔の「思考の習慣」が自動的にぶり返してしまう**ということがあると思います。

そんな状況の渦中にあっては、「新しい思考の習慣」を維持するということが難しく感じることもあって当然です。ですから、そのような状況に陥る前から予防線をはっておくことが大切です。

自分にとって落とし穴となるような出来事を想定して、その予防対策を事前に立てておけば、ネガティブな状況に直面しても、思考のリバウンドを未然に防いだり、そこから立ち直るスピードを速めたりすることができます。

私にとっては、娘が不機嫌になって大きな声で自己主張をするときが、自分の思考を一気にネガティブに傾ける落とし穴です。

ですから、そういう場合には、「娘は生まれてから、まだたったの5年しか経っていない」と考えるように予防線をはっています。

「たったの5年」と考える習慣をつけておくだけで、そんな彼女に大人のような振舞いや感情の管理を強いるのは酷なことだという気持ちになるからです。

この事例は些細なものですが、問題が大きければ大きいほど、私たちの意識はその問題自体にフォーカスする傾向にあります。

だからこそ、フォーカスを別の方向へシフトさせて、心が明るくなる別のものに移すというのも「心の習慣」として大切なことです。

そのためには、普段から「**喜びの引き出し**」をたくさん用意しておくことです。それは大好きな音楽、映画、本、アロマを炊く、サイクリング、ドライブ、友達と電話で話すことなど、自分の気持ちを少しでも軽く明るくしてくれるものなら何でもいいのです。

こうしてバラエティ豊かな「喜びの引き出し」をたくさん持っていれば持っているほど、思考のリバウンドを防ぎ、「新しい思考の習慣」を維持する力も、逆境を跳ね返す力も強くなるのです。

仕事、家事、勉強、育児などに追われ、やることが山積みの生活を送っているときは、自分が何かを楽しむ時間を割くことに罪悪感を覚えがちです。

けれども、この喜びの引き出しを活用して自分をリフレッシュさせないでいると、

「喜びの引き出し」をたくさん持とう

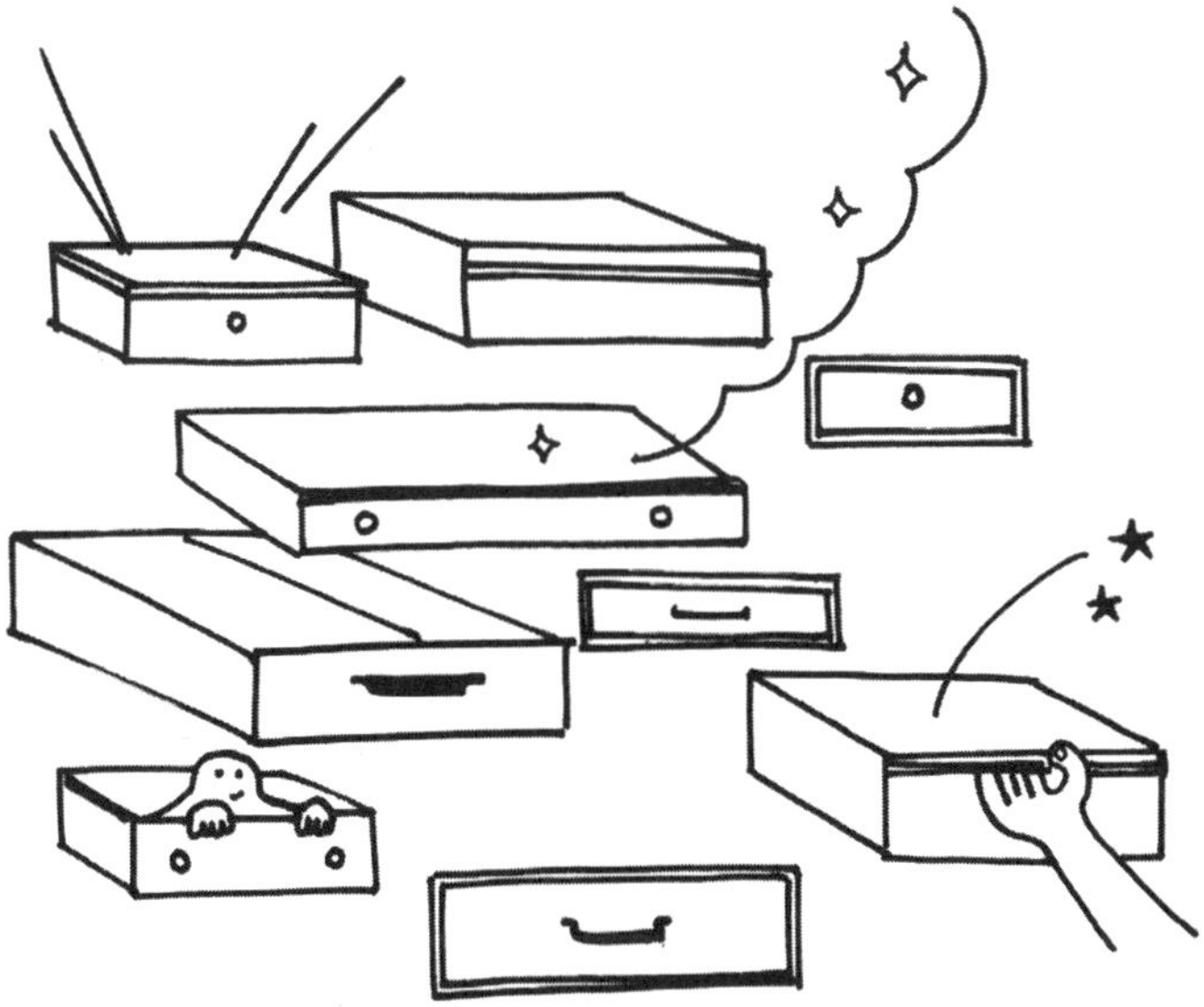

あなたのエネルギーは消費されるばかりでチャージされることがなく、どんどん疲労困憊していくでしょう。

そんな疲れた状態では、あなたの心は容易にネガティブなほうへ、そして元の望ましくない「思考の習慣」に簡単に戻ってしまいます。

エネルギーが不足してくると、私たちは「心のゆとり」も失います。

些細なことでキリキリしたり、他人の言動にカッとなったりというのも、ゆとりがないために起こる典型的な症状です。

ですから、「喜びの引き出し」を日頃からたくさん用意しておき、心の落とし穴に落ちそうになったら、すかさずこの引き出しを活用する習慣を身につけておくことが助けとなります。

そうして、自分の心身をベストな状態に保つことは、自分だけでなく、あなたを取り囲む周りの人の幸せにもつながっていきます。

普段の生活においてもアンテナを立てて、「喜びの引き出し」となるものを増やしつつ、心身ともにリフレッシュする時間をぜひ持ってくださいね。

「思考の習慣」を味方につける さらなる方法

想像の翼を広げるということ

あなたは自分のことを、「目の前にあること」にフォーカスする現実的な人間だと思いますか？

それとも、「自分が望むこと」にフォーカスする夢想的な人間だと思いますか？

実は、この目の前にあること、特に望む状態が叶っていない現状にフォーカスして、深刻に物事を考える習慣は、**あなたを「現状」に固定して動けなくさせてしまう強力な接着剤**の役割を果たします。

なぜなら、その「叶っていない状態」にフォーカスする「思考の習慣」は**「不足感・不満足感」を増長する温床**となるからです。

そうすると、ネガティブな感情が、あなたからチャレンジ精神や行動へのやる気を奪っていきます。その結果、あなたは「現状維持」を余儀なくされるのです。

自分自身を振り返ってみてください。あなたが現状にフォーカスしているとき、あなたの気持ちは明るく前向きですか？　恐らく、とても前向きで幸せだという人は、そういないはずです。

なぜなら、「こうなったらいいな」という願望があるときに、現状にフォーカスしていると、必然的に現状と願望のギャップ、つまり「不足」が見えてきます。

その不足の状態を考え続けると、気持ちは下向きに萎えていくのが当然です。

そうすると、行動する気力も意欲も湧いてきませんから、結局最初の一歩が踏み出せない自分のままです。

たとえ、そこで自分に鞭打ってがんばって行動したところで、「不足感」という錘《おもり》は肩に重くのしかかったままで、本領が発揮できず、思うような結果が出ないということになります。

ですから、「こうなったらいいな」という願望があるときには、その願望が叶った状態をしっかり想像することです。

そして、それが将来、確実に起こることを期待します。

この**期待感が高まると、自分の願望を実現させるためには、具体的にどんなプロセスが必要かということに意識が向いていきます。**

何はともあれ、楽しい、うれしいという純粋な気持ちとワクワク感が、新しいことへ足を踏み出す不安を上回るほどの元気と勇気を運んできてくれます。

これは他人が聞いたら「妄想」と呼ぶかもしれませんが、それでいいのです。

逆に想像の翼を広げなければ、私たちは自分の可能性をいとも簡単に握り潰してしまうのですから。

すべては想像から生まれる

私たちの身の回りを囲む日常雑貨、電気機器、家具、建物、テクノロジー、ありとあらゆるもののすべてが人間の想像の産物です。

ある人の「これがあったらいいな」「こんなことができたら便利だろうな」と新しい世界を想像してワクワクする気持ちが、インスピレーションを引き寄せ、新しいものをこの世に生み出す結果をつくったのです。

そう考えると、最初に目の前にない何かを想像するということが、どれほどの力を秘めているかがわかりますね。

私たちの人生も同じです。

自分の未来を想像して「こうなったらうれしい」「これが実現できたら最高だろうな」と想像することが、自分の未来という現実をつくっていくのです。

自分の可能性を本当の意味で信じている人は夢見ることが大好きですし、想像することが得意です。

心の中で「そんなこと私にできるわけがない」と思っている限り、私たちの想像の翼は広がりません。

「できるかどうかわからないけれど、私には無限の可能性があるのだから、とりあえずやってみよう」と思えるかどうか。これがあなたの人生を左右するのです。

結局、人の才能には大差がないことを考えると、問題はやれるかやれないかではなく、自分を信じてみよう、試してみようという意思があるかないかという違いにあることがわかります。

「これが現実だから」と現状にフォーカスする習慣がある人は、「夢見る夢子ちゃん」になることを自分に許しましょう。

それは、バカげたことでも何でもなく、自分の人生を創造していくうえで大切な技術なのですから。

「決めつけ」をやめよう

「決めつけ」をやめて、コミュニケーションの扉を開こう

結婚15年目となった私たち夫婦ですが、今でも時折、互いの言動に対してカチンときたり、コミュニケーション不足から胸の中にモヤモヤと重い気持ちが立ちこめたりするときがあります。

そんなとき、思わず昔からの「思考の習慣」で、「こんな嫌な思いをさせる相手とは顔も合わせたくない！」という憤りの気持ちがどっと押し寄せてきて、私の頭の中でぐるぐる回ったりします。

先日も、私が発した言葉に主人がムッとした様子を見せ、その場を立ち去るという

ことがありました。

最初はそんな主人の態度に憤りを覚えた私でしたが、しばらくすると、「この気持ちはどこからきているのだろう?」と少し冷静に考えられるようになりました。

そして、こんな暗くネガティブな気持ちを引きずるのは心地悪くて嫌だから、どうにかしたいという気持ちが湧いてきました。


そこで、数日経過して、気持ちが落ち着いたところで、

「この間、私の発した言葉にあなたが反応して、ぷいっとその場を立ち去ったけど、あれはあなたの心の中にある〝痛いボタン〟か何かを私が押したから?」

と聞いてみたのです(英語では、相手の痛いところをついて、相手にネガティブな気持ちを湧き起こさせることを〝pushing someone's button〟(ボタンを押す)と表現します)。

すると、主人も冷静に、

「そうだねぇ。自分はあのとき、とっさに自分が責められたように感じたんだ。これは幼い頃から抱えてきた『周りを喜ばせるために、自分は完璧でなくてはいけない』

という思いが関係しているのかもね」

という言葉が返ってきました。

それから、自分たちの育った家庭環境がそれぞれの「思考の習慣」をつくること、それがどのように夫婦関係に影響しているのかということに話が展開していき、お互いの考えや意見をシェアするいい機会になりました。

相手の言動から「相手は私に腹を立てている」という決めつけをすることは簡単ですが、その真意や理由は相手に聞かないことにはわかりません。

もしかしたら、本人も気づいていない昔からの「思考の習慣」にとらわれているのかもしれません。

決めつけをやめて、コミュニケーションの扉を開き、相手の心の声を聞くというのも、双方が「思考の習慣」に気づく貴重な機会を与えてくれたりするものです。

人との関係を通じて見えてくる自分の「思考の習慣」

自分がどういう「思考の習慣」を持っているかということは、こうして人との関係性を通じて明らかになることが多々あります。

時と場合によっては心の痛みを伴うこともありますが、それは自分の弱さや脆さと直面しているからこそ起きているのです。

人との関係を深めていこうとすればするほど、それまで気づかなかった自分の内面を見つめ直し、改良する機会を与えられます。

人間関係においては、**自分と相手は独立した個別な人間**だと認識しておく必要があります。

主人は私にとって双子の片割れのような、心から信頼できるパートナーですが、それでもやはり、私と主人は考え方や感じ方もまったく異なる個人同士です。

勝手に相手の考えや気持ちを推測して、「こうだろう」と決めつけることはできない、と前述したような体験をするたびに痛感しています。

ある「思考の習慣」から抜け出せないということは、**知らない間に物事を「決めつけ」てしまっていることが原因**です。

人との関係は自分の内面、つまり「思考の習慣」を映す鏡です。

まずは「決めつけ」をやめて、相手の真意を汲み取る努力をしてみる。人間関係が深まれば深まるほど、そんな自分の「決めつけ」の存在に気づかされ、それを改善していく貴重な機会を与えられます。

また、「決めつけ」は相手だけではなく、自分に向けられている場合もあります。「私は○○だから」「私はどうせこの程度の人間だから」「私にはとりたてて才能も能力もないから」「私は愛される価値がないから」というのも、自分に向けた頑固な「決めつけ」です。

たとえば、自分に向けられた褒め言葉に対して、「いやいや、そんなことないです」と頭ごなしに否定してしまう傾向を持つ人は多いものです。

もちろん、これは謙遜から出てくる自然な反応かもしれませんが、「自分はそんな褒め言葉に値しない人間です」というメッセージは、確実に自分の潜在意識に届いています。

また、褒めたほうも、自分の言葉を素直に受け止めてもらえなかったことを、少し残念に感じているはずです。

それが繰り返されると、相手は「あの人は、あまり褒めないほうがいいのかも」という思いになり、実際に褒められることが少なくなるでしょう。

そうすると、「自分の価値を実感できる言葉」を耳にすることが減った本人は、「やっぱり自分には価値がない」という思いを強めていくことになるかもしれません。

これまで褒め言葉を素直に受け止めてこなかったなと思われる方は、次回褒められたときには、笑顔で「**ありがとうございます。そう言っていただくとうれしいです**」などと、（最初は違和感があっても）ぜひ言ってみてください。

そして、そのときに心に湧き起こる自分の気持ちと相手の反応をじっくり観察してみてください。褒め言葉を否定していたときとはまったく異なる温かい気持ちがあなたと相手の心に広がることをお約束します！

相手があなたをどう扱うかというのは、**自分が自分のことをどう思っているかとい**

う「**決めつけ**」に起因することが往々にしてあります。

ですから、自分のことをきちんと尊重してほしいと思うのであれば、まずは自分が自分に対して愛と尊厳をもって接することです。

「私なんて」という考えは今すぐ手放してしまいましょう。

繰り返しますが、あなたはこの世でたった１人のかけがえのない存在です。持って生まれた才能を活かして、あなたらしくのびのびと豊かで幸せな人生を送っていいのです。

ですから、人間関係においても、自分に対しても「決めつけ」をやめるように心がけること。そうすることで、他人や自分に関する「思考の習慣」はさらによいものへと改善されていくでしょう。

勇気ある人になろう

自分の心を開く勇気を持つ

人間関係において、自分を変えるということは本当に勇気のいることです。

それは、自分を変えるという最初の一歩を踏み出すというだけでなく、**自分の新しい行動に対する相手の反応と直面し、それがどういったものであれ、受け止める勇気を必要とする**からです。

私も同じく、対人関係で生じた摩擦や軋轢を解決しようと、話し合いをスタートさせるときは、正直ドキドキします。

自分の傷つきやすい繊細な部分を相手にさらけ出して、相手からそれを非難されたり、軽々しく扱われたりしたらと思うと、やはり足がすくむような気になります。

でも、自分の中に「相手との関係をよくしたい」「このモヤモヤとした気持ちをどうにかしたい」という思いが強くあれば、それは行動に移して解決していくしかありません。

それが、直接相手を目の前にして話すことであれ、手紙やメールを書いて送ることであれ、自分の気持ちを言葉という媒体に載せて相手に届けるという行動なくしては何の変化も望めないからです。

心を開くということは、自分の正直な気持ちを、素直に相手に表現することです。それにはまず、心の中で「本当に何を感じているのか」「どんな気持ちを相手にわかってほしいのか」を自分が知る必要があります。

前述したように、自分の感情のあるがままを、まずは自分がしっかり受け止め、寄り添ってあげること。そのプロセスを経ることで、あなたの感情は落ち着き、自分の正直な気持ちや考えを必要以上に感情的にならずに、冷静に穏やかに相手に伝えることができるようになります。

「そんな勇気を振り絞って、相手とコミュニケーションしようと心を開いても、相手がそれに応えてくれなかったらどうすればいいの？」と、あなたは考えているかもしれません。

残念ながら、それがあなたとその人とのご縁だったのだと、答えるしかありません。あなたが心を開いたときに、自分の心を開いて、あなたときちんと向き合ってくれないような相手であれば、このまま関係を続けていく意味も価値もないのではないかと思うからです。

私たちが自分の一生で出会える人の数は限られています。その中で、つながりを深めていく人となると、さらにその数は激減します。

ですから、**自分の貴重な時間とエネルギーを費やして関係を深める相手は、誰でもいいわけではありません。**

一緒にいると、元気になる、笑顔になる、ホッコリした気持ちになる、よい刺激を受ける、一緒に成長できる、そんな相手を選んで、自分の心を開いてみてください。

それは確かに勇気のいることですが、それだけの価値は絶対ありますから。

依存しない、独立した人間であることが第一の条件

人との関係においては、まずあなたが独立した人間であることが何より大切です。

自分の中に足りないものや満たされないものを常に感じていて、その「空虚感」と**いう穴を埋めようと誰かを頼るなら、それは依存以外の何物でもありません。**

そうした依存的な関係は、最初は相手も「私がいないとダメなんだ」という自己重要感を与えられたようでうれしく感じるかもしれませんが、時間の経過とともに、それを負担に感じるようになります。


そもそも人は、**自分を犠牲にして誰かのために生きることで、本当の幸福感を感じることはできません。**どんなに愛する相手であっても、自分が体験する世界は自分を中心に回っています。

なぜなら、自分の思考のフィルターを通してでしか、私たちは世界を見ることがで

きないからです。

ですから、その中心点に自分以外の誰かを据えて、自分以外の誰かのことを始終気にかけていることなど、絶対にできないことです。

しかし、「依存の関係」においては、それを互いに要求します。

独立した人間とは、自分の欠点や短所を自覚しながらも、「私は私のままでいい」「私は価値のある人間だ」という意識をしっかり持った人です。

ですから、自分の中にある穴を埋めるために、誰かを頼る必要がありません。

依存の関係に陥りやすい人が半円という状態だとしたら、独立した人はより真円に近い状態です。

依存という半円状態でいる人は、どういうわけか、自身も半円である人を引き寄せます。そんな2人が一緒になると、2人でようやく1つの真円になるわけですが、それは完全に相手に依存した状態であり、何かがあるとすぐにその真円が崩れる、とても不安的な関係です。

真円同士の人間がつながると、世界が広がる

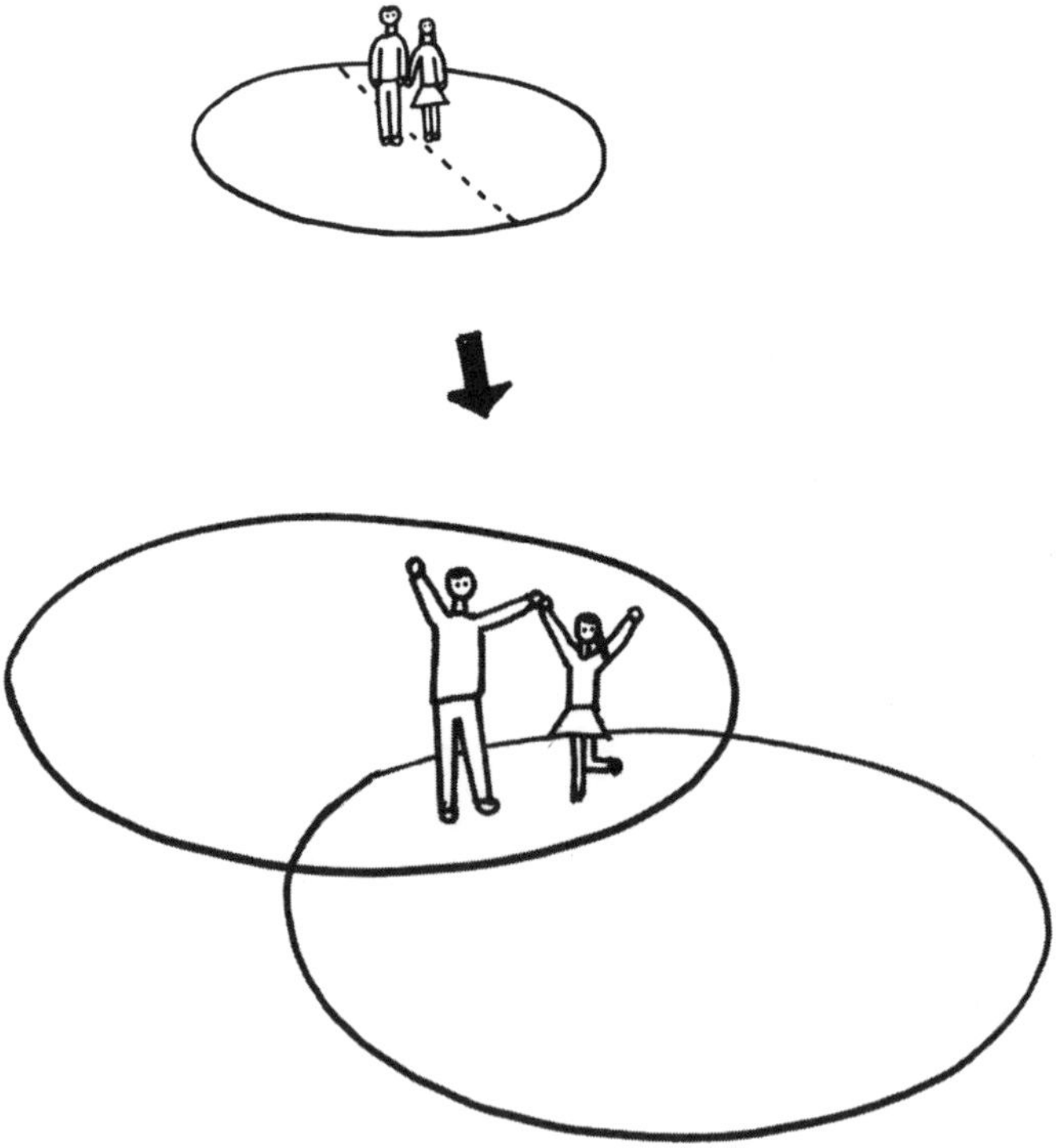

逆に、真円同士の人間がつながると、世界が何倍にも広がるというシナジー効果が生まれます。自分の世界が大きな広がりを見せ、今まで以上にたくさんの可能性が広がり、いろいろな新しいことを体験できるようになるのです。

そんな関係においては、時折生まれる摩擦や軋轢も、2人の関係をより向上させるきっかけや、各自が成長していく機会として、うまく活用してくことができます。

自分を変えるということは、こうしてあなたを「勇気ある人」に変えていくことでもあるのです。

勇気とは、恐れを感じないことではありません。恐れを感じながらも進んでいくことを選ぶのが勇気です。そして、この「勇気」は相手との関係を大切に育んでいきたいという思いから生まれます。

より幸せな人間関係に囲まれたあなたらしい人生を歩んでいくためにも、「勇気ある人」を目指していきたいものですね。

「今」というときが持つ力

「今」が一番パワフル

自分を変えるといったときに、理想とする自分を目指して、意識は未来の方向へ向きがちですが、一番力を持っているのは「今」以外のどこでもありません。

というのも、**何かを変えるチャンスは「今」というときにしかない**からです。

私がこうして文字を書いているのも、「今」というときを使って書いています。「今」というときから、すべては生まれるのです。

私たちは時系列で過去、現在、未来とつながっているような感覚を持っていますが、実際に存在するのは「今」という時間だけです。

なぜなら、過去があるといっても、それは昔のことを考えている「今」の中に存在するだけだし、未来があるといっても、それは先のことに思いを馳せている「今」の中に存在するだけだからです。

つまるところ、「過去」や「未来」という確かなときがあるわけではないのです。

そう考えると、「今」、あなたが何を考え、何を感じ、どういった行動をしているかということが、どれほどの価値を持っているかがわかると思います。

時間には「今」というときしかなく、**あなたの人生を創造していくうえで「今」が最大の影響力を持っている**ということを認識するのは、何より大切です。

過去にどんなことを経験していようが、将来の展望が現時点ではまったく見えてなかろうが、そんなことは関係ないのです。

自分を変えるということにおいて意味があるのは「今」というときをどう使うか、それだけです。

「マインドフルネス」を心がけて生きる

「マインドフルネス」とは、古代仏教に起源を持ち、「〝今ここ〟という瞬間に、批判を一切加えることなく、意識を向けること」を意味します。

マインドフルネス瞑想をストレス低減法として医療の現場で広めた、アメリカのジョン・カバット・ジン博士によると、マインドフルネスは、瞬間瞬間の経験に対して、より深い気づき、明快さ、そして受容をもたらすと説明されています。

実際、**私たちの人生は、「今ここ」という瞬間にしかありません。**

そのことに気づかないでいると、人生で本当に価値あるものだけでなく、私たちの成長や変化の機会を見逃してしまうと、ジョン・カバット・ジン博士は語ります。

また、「今ここ」に意識がないことは、私たちの中に深く根ざした恐れや不安によって突き動かされた自動的な行為を許すことであり、それが他の問題を生み出すと指摘されています。

日常生活で私たちはさまざまな体験をします。ある出来事に遭遇するたびに、私たちの内面では、それに反応して思考と感情が瞬時に湧き起こります。

しかし、その感情に反応してとっさの行動に出るか否かの選択は、私たちの手の中にあります。

自分の中に自動的に生まれる思考と、それに付随して湧き起こる感情。それらは自分自身を呑み込んでしまうエネルギーを持っているように思われますが、**私たちはそれに一切の批判を加えず、ただひたすら観察することもできる**のです。

もちろん最初は、その感情自体に居心地の悪さを感じるかもしれません。特に激しい怒りといったマグマのように強いネガティブな感情であれば、それをすぐにどうにかしたいという衝動を感じるときもあるでしょう。

でも、そこで意思力を使って衝動的な行動を堪え、自分の内を観察してみるのです。

そうすると、自分の感情が訴えている本当の気持ちは何なのかということを理解することができます。

私が東京でＯＬをしていた頃、新人研修を経験したことがあります。自分自身も入社して3年程度で新入社員を研修しなくてはならないという立場に立たされ、「先輩らしく振る舞わなくては」とか「甘く見られてはいけない」というプレッシャーがあったのを覚えています。

そのせいもあって、研修中におしゃべりが多い社員が気になって仕方がありませんでした。何度注意しても、また気づけばおしゃべりが始まっていて、それを目にする度に、激しい怒りの気持ちが湧いたものです。

そこで思わず、相手を叱りつけてしまったのですが、今思えば、あのとき感じていた怒りは本当の気持ちではなく、「自分という人間の価値を認めてもらえていないのではないか」という恐れが根底にあったことがわかります。

あのとき、そんな自分の本当の感情を「マインドフルネス」によって、クリアに認識し、冷静に受け止め、あるがままを受け入れていたら、その恐れを生み出した「歪んだ思考」の存在に気づく機会をつくってくれたはずです。

あれから15年以上たった今、あの頃の自分がいかに無意識の「思考の習慣」に翻弄されて生きていたかが、よくわかります。

あの頃抱えていた問題や悩みが、今はちっぽけなものに思えるのも、自分をおとしめていた「思考の習慣」が、自分を勇気づける「新しい思考の習慣」に少しずつ変わってきたからではないかと思うのです。

選択権はあなたにある

といっても、まだまだ私の中にも、自分のためにならない「思考の習慣」はたくさん残っています。

でも、日々鍛錬という気持ちで、自分の思考と感情を第三者のような視点で冷静に眺めることを学び実践していくことによって、私自身、これからもどんどん変わっていくであろうことを前向きに期待しています。

知識は力です。けれども、「知っていること」とそれを「実践（行動）できること」はまったく別物です。

知っていることを行動に移して実践していくには、私たちの意識的な働きかけが不可欠です。それには、「変わりたい」という意志の力が必要です。「変わりたい」という気持ちを、人に無理矢理持たせることはできません。だから、どんなにがんばっても他人を変えることはできないし、変えられるのは自分だけ、ということになるのだと思います。

3章でドングリのお話をしましたが、私たち一人ひとりはまさしくドングリのように「無限の可能性を持った人間」です。

可能性を開花させるには、十分なケアとサポート、そして愛情が何より必要です。自分にいつも批判的に厳しくあたっている心の声を、「思考の習慣」を変えることによって、優しく愛のある声に変えていきましょう。

そうすることによって、**本来のあなたが本領を発揮することのできる土壌がつくられていきます**。

「思考の習慣」は、「今」という連綿としたときを、あなたがどう生きてきたかによって形成されてきたものです。そして、「今」あなたが、物事をどう受け止め、解釈し、感じていくかによって、これからの「思考の習慣」が形づくられていきます。

「思考の習慣」は、自分の意識の高まりとともに変わっていくものです。

私はあなたに、この「今」というときの重要性を知り、自分の手の中に「思考」の主導権を握り返してもらいたいと思っています。

人生においては、進学、就職、結婚などのさまざまな選択を節目節目で迫られますが、実は何となく過ごしている毎日も、選択の連続なのです。

あなたが「今」、どういう思考を選択するのか、それが未来のあなたをつくっていきます。

あなたが「今」いるところがどこであれ、どういう状態であれ、そこが現在あなたのいるところです。それを受け止めたうえで、どう変わっていきたいのか、それを選択する力があなたにはあるのです。

「思考」の選択を意識的に行ない、自分のためになる「思考の習慣」を身につけていく努力は、「今」というときにしかできません。

そのプロセスと努力の結果を味わいながら、「今」というときを思いっきりエンジョイしてください。それが、自分に与えられた命というギフトを大切にするということではないかと思います。

Life is a gift, so make the best of it!（人生は贈り物です。だから、この与えられた人生を思いっきり謳歌していきましょう！）

おわりに

本書でご紹介した「思考の習慣」は、私が心理学を勉強するようになってから、長らく考えてきたテーマでした。

幸せな人と不幸せな人を分けているものは何か？

同じような状況にあっても、幸せそうな人とそうでない人の違いはどこからくるのか？

そんな疑問が、私をポジティブ心理学の道へと導いてくれました。

ポジティブ心理学の研究、海外生活、これまでの人生体験、さまざまな人や本との出会い、そしてセミナーや個別セッションなどを通じて多くの方々と接する中でわかってきたこと。

それは、何はさておき「その人が抱く思考が、その人の人生をつくっている」ということ。そして、思考は性格と同じように、各自が長年かけて形成してきたパターンを持っているということでした。

では、その「思考の習慣」を変えるためにはどうすればいいのか？

それは一瞬にして変えられるものでも、一足飛びに到達できるものでもなく、日々意識して思考を使っていくことでしか到達できないという結論に至りました。

「ゆっくりやさしく自分を変える」という姿勢は、昨今の「早く、ラクに、簡単に」という、何でもスピーディーに解決することをよしとする風潮に真っ向から反するものです。

けれども、「思考の習慣」を変えて、自己を向上させ、人生をよりよいものに変えていこうとする場合に、「ショートカット」というのは残念ながら存在しません。

逆に、自分が望む最高の状態を一足飛びに体験してしまうことが本当に素晴らしいことなのかどうか、私は疑問に思います。

なぜなら、エネルギーを使い、努力して何かを達成する過程において、私たちはたくさんの素晴らしいものを手に入れることができるのですから。

本書が完成するまでには多くの人のサポートをいただきました。

ここでは紙面の都合上、数名の方のお名前しか挙げることができませんが、私をこれまで支えてくださったすべての人に心から感謝の気持ちを捧げます。

最初に、セミナーや個別セッションを通じて、「人は変われる！」という事実、そしてその変化の素晴らしさを実感させてくださった受講生やクライアントの皆様。3章の5つのステップに関してアイデアを提供してくださった自己実現&人財育成プログラム「ターニングポイント」の創始者であり、私の恩師でもあるRichard Joseph氏。鋭い知性で本書に磨きをかけてくださった同文舘出版の戸井田歩さん。本の企画から出版に至るまで綿密にサポートしてくださったプレスコンサルティングの樺木宏さん。長年、私を信じて励まし支えてきてくれた両親と双子の姉、るみ。本書でも何度か登場することとなったパートナーのウィリアムと娘の紗智。

そして、この本を読んでくださった読者のあなたに心からの感謝を捧げます。

本書を通じて、こうしたうれしいご縁をいただいたあなたと、この星のどこかでお会いできる機会を楽しみにしています。

二〇一五年七月吉日

山口まみ

著者略歴

山口まみ（やまぐち　まみ）

Office Muse 代表、ポジティブライフコンサルタント、心理学博士

熊本県出身。大学卒業後、東京で 4 年間の OL 生活を経て、1999 年にニュージーランドへ渡る。2001 年より、ニュージーランド国立オタゴ大学にて心理学を専攻、2010 年同大学大学院にて心理学博士号を取得。専攻と研究分野は社会心理学とポジティブ心理学。2011 年に帰国後、「マインドの力を育成し、最幸の人生をクリエイトする」を理念として Office Muse を立ち上げる。自己実現＆人財育成プログラム「ターニングポイント」集中講座の講師を務める他、ポジティブ心理学をベースにした人材育成研修、講演、執筆、メディア出演など、ポジティブライフコンサルタントとして多方面で活動中。著書に『あなたの「隠れネガティブ」を解消する本』（三笠書房）。

◆ HP：山口まみ Official Website　http://www.my-turningpoint.jp/
◆ blog：心理学博士が教える「ポジティブの習慣」　http://ameblo.jp/flinder25/

「変われない自分」を変える 新しい思考の習慣

平成 27 年 8 月 18 日　初版発行

著　者 ―― 山口まみ

発行者 ―― 中島治久

発行所 ―― 同文舘出版株式会社

東京都千代田区神田神保町 1-41　〒 101-0051
電話　営業 03（3294）1801　編集 03（3294）1802
振替 00100-8-42935
http://www.dobunkan.co.jp/

ISBN978-4-495-53111-9

印刷／製本：三美印刷　Printed in Japan 2015